正向领导

［美］金·卡梅隆(Kim Cameron)◎著　陶尚芸◎译

PRACTICING POSITIVE LEADERSHIP

中国友谊出版公司

图书在版编目（CIP）数据

正向领导 / (美) 金·卡梅隆著；陶尚芸译. -- 北京：中国友谊出版公司, 2017.8（2020.4 重印）
书名原文: Practicing Positive Leadership: Tools and Techniques That Create Extraordinary Results
ISBN 978-7-5057-4071-6

Ⅰ. ①正… Ⅱ. ①金…②陶… Ⅲ. ①领导学 Ⅳ. ①C933

中国版本图书馆 CIP 数据核字(2017)第 121823 号

著作权合同登记　图字：01–2017–3984

书名　正向领导
作者　[美] 金·卡梅隆
译者　陶尚芸
出版　中国友谊出版公司
发行　中国友谊出版公司
经销　新华书店
印刷　北京市兆成印刷有限责任公司
规格　710×1000 毫米　16 开
　　　　13 印张　110 千字
版次　2017 年 8 月第 1 版
印次　2020 年 4 月第 3 次印刷
书号　ISBN 978-7-5057-4071-6
定价　52.00 元
地址　北京市朝阳区西坝河南里 17 号楼
邮编　100028
电话　(010) 64678009

献　辞

谨以此书献给我在生活中遇到的众多领导者。这些激情四溢的才俊在正向领导力实践的运用中表现出了非凡的智慧、勇气和洞察力。由于他们在企业、教育机构、军队、国家情报部门、医疗卫生组织和教会中实践了正向领导力，我才有幸目睹许多个人转变和组织革新的伟大壮举。激励我的领导者们数不胜数，在此不便一一列举，但我要衷心感谢他们所有人。

我还要把此书献给我的太太——梅林达。她是我们 7 个孩子的母亲，也是一位德高望重的祖母。现在我们已有 18 个孙子孙女，还有一个小孙儿即将出生。我的太太是我见过的最棒的正向领导力实践者。

前　言

本书的创作激情来自于众多同仁和受人尊敬的领导们的热情反馈，他们希望阅读更多正向领导力实践的相关内容。我在之前的著作《积极领导力》中阐述了正向领导力的四大策略，它们在组织中产生了非同小可的积极作用。这些策略包括：营造积极氛围、建立积极关系、实现积极沟通和构建积极意义。各个组织机构中的实际案例表明，这些策略对于实现我所谓的"积极导向"的绩效水平至关重要——也就是说，它们可以帮助个人和组织在工作中发挥最大潜能，取得最辉煌的进展，体验令人欢欣鼓舞的热情，达到前所未有的积极效果。

本书详尽地介绍了正向领导力实践的五套方案，帮助领导者在各类组织中实践四大正向领导力策略，这些组织机构包括企业、教育机构、医疗卫生组织、社区协会、体育团队和家庭。无论是组织内部精英、外部顾问、单位领导，还是父母家长，这些推进组织改革的代表们一定会发现本书的特别价值和意义。

具体来说，本书探讨了某些批评家的批判意见——正向领导力太温柔、太婆婆妈妈、太嬉皮笑脸、太和颜悦色、太天真、太幼稚。有些人声称，正向领导力忽视了领导力的坚定性、竞争性和挑战性。虽然本书中概述的正向领导力实践旨在发挥积极的作用，但这些实践不只是甜言蜜语或肆意妄为的代名词，而是意在帮助领导者应对一切组织环境中的共同挑战和困难障碍。正向领导力实践绝不肤浅，也不放纵。若想产生积极的作用，大家就必须努力进取、不屈不挠。

本书选择阐述这些实践，是因为它们的知名度不及常见的组织干预技能——树立信任、建立共识、建设团队和培植影响力。本书中的正向领导力实践是那些常见有效技能的补充。它们已经被投入现场检测，科学研究也确认了其可信度。虽然不是所有的实践都适用于所有的组织背景，但你可以从中找出几个有助于实现卓越绩效的积极实践。

我要感谢广大同事和同仁，他们深入洞察了正向领导力的相关实践，还成为付诸行动的榜样。我要特别感谢密歇根大学积极组织型学术研究中心的各位同仁，他们是：韦恩·贝克、简·达顿、雪莉·科普曼、戴维·迈耶、卡洛斯·莫拉、罗伯特·奎因、格雷琴·施普赖策和林恩·伍滕。贝雷特·凯勒出版社是世界上最棒的出版社，社里的工作人员值得称赞；特别要感谢史蒂文·皮尔桑蒂和杰旺·西华苏巴马廉。外部审稿人汤姆·克鲁斯、杰基·斯塔夫罗斯和李·威尔金森为完善手稿提供了非常有益的建议。罗斯商学院执行教育中心的同事们提供了组织互动和价值反馈的许多机会；特别感谢梅兰妮·巴尼特、谢利·亚历山大以及其他优秀成员。特别是我的助手梅瑞迪斯·史密斯，他的鼎力相助、积极组织和热情鼓励让我的工作顺利完成。我要感谢你们所有人。

目录

PRACTICING POSITIVE LEADERSHIP

PRACTICING POSITIVE LEADERSHIP

第一章

为何要实践正向领导力

最近，密歇根大学罗斯商学院又宣布了一项新的战略计划，用以指导未来 10 年甚至更久以后的商务教育工作。它强调最重要的战略支柱就是“积极”二字——积极经营，积极领导，在全世界范围内产生积极转变。

哈门那公司是美国最大的医疗保险公司之一。最近，该公司实现了根本性转变，从以前的保险公司转变成为一家医疗健康服务公司。哈门那公司的主要宗旨就是加强正向领导力实践和组织型学术研究，从而为员工和顾客谋福利。

海因斯·莱墨兹是世界上最大的汽车轮胎制造商。该公司国际业务发展部主任原田敏丸将正向领导力视为日本制造业的基本原则。他说：“日本制造业理念的一个标志性特征就是杜绝浪费。消极管理者们代表的是浪费和低效，正向领导力则可以引领可持续性发展。”

美国保德信金融集团的前任首席执行官吉姆·马洛齐，赋予他的顶尖团队“积极导向领导者的自主权”，从而扭转了公司的财政局面。他在一年之内，就通过实践正向领导力而改变了财务状况，利润损失从1.4亿美元降至0.2亿美元。

乔治梅森大学立志成为世界一流的名牌大学。全校师生都在为这个目标而努力。他们做了大量的贡献，其中之一就是：将正向领导力贯穿在整个学校体制当中。他们正在启动“自上而下”和“自下向上”的干预措施。

正向领导力的主要目标是：在工作场所，产生卓越的绩效和积极的结果，并创造显著的活力。正向领导力涉及多项积极实践的推进工作，可以帮助个人和组织在工作中发挥最大潜能，取得最辉煌的进展，并体验令人欢欣鼓舞的热情，达到前所未有的效果。本书中讲述的正向领导力实践，可以帮助大家获得更多的积极效果。

正如上文案例中所描述的一样，现代学者的事实证据和经验之谈已经证明：正向领导力实践产生了超乎预期的效果。事实表明，正向领导力让组织的生产力和利润率，乃至质量和创新，都得以提升。同时，顾客的忠诚度也得以证明和提高。我们还得知，有关出版物的数据显示，这种领导管理的全新方法，它产生效益的基础是个人的生理健康、心理健康、大脑智力、人际关系、学习过程等具体情况，这一点让很多人瞠目结舌。

“正向领导力”已经在人们心中留下了挥之不去的疑问。比如：正向领导力的结果会怎样？管理者应该在组织中使用什么方法或技巧来取得积极成果？管理者实践正向领导力的具体细节是什么？不用着急，本书将会给您指点迷津。我以前出版过一本书，叫《积极领导力》。上本书是这本书的基础，这本书是上本书的补充。上本书告诉大家，执行四大正向领导力策略——营造积极氛围、建立积极关系、实现积极沟通和构建积极意义——就可以取得卓越的成果。

我在这里提出的具体实践活动，可以作为执行四大正向领导力策略的指南。如图 1 所示，这本书中的每个具体实践（请看图 1 中的四个顶角处）与上本书中的四大策略（请看图 1 中黑色椭圆里的文字）相互作用、彼此影响、密不可分。

在本书中，我将总结这些经验证据，建立高效的实践体系，讨论在组织中如何成功运用正向领导力，从而产生积极的效果。本书的各章中都列出了若干活动案例，以便大家在自己的组织中随时进行实践。

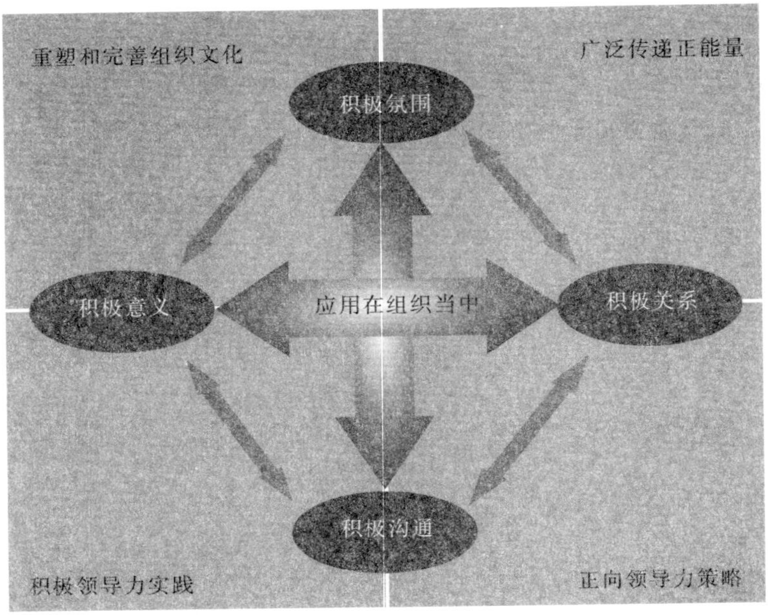

图 1　“积极领导力实践”与“四大积极策略”之间的关系图

正向领导力充满阳光正能量

正向领导力的实践很重要，因为积极的事物都是充满阳光的。也就是说，所有的生物都喜欢追逐正能量，远离负能量，或者说，它们都面朝鼓舞人心的方向，背离损耗生命的方向。在阳光明媚的日子里，我们会体验到大自然赋予的正能量。在人与人的互动中，正能量往往表现为积极的人际关系和感恩之情。实践正向领导力，会让人们的心中产生正能量，让他们积极发挥自己的潜能。因为人类与所有的生物一样，内心也向往积极美好的事物。

大家不妨看一看正能量影响个人和组织的例子。比如，人们在加工积极信息的时候，准确度会高于处理消极信息——无论这个过程是否涉及语言能力、组织行为或情感判断力。根据有关人员报道，人们推敲积极语句的时间比酝酿消极语句的时间长20%，比思考无感情色彩语句的时间长50%。回忆积极信息比回忆消极信息更加容易和准确。人们学习积极词汇与事件的效率，高于学习消极或无感情色彩的词汇和事件：当积极词汇、消极词汇和无感情色彩的词汇一同呈现在人们的面前时，他们会更准确地记住积极词汇。学习积极词汇之后，无论拖了多久再去温习，都会产生无穷的正能量。当下属执行任务的正确率高于错误率时，领导者就可以更加准确地估算他们的工作能力和熟练程度。

人们都倾向于寻求积极的鼓励，避免消极的刺激。比如，有人认为，生活中有2/3或3/4的事件都是积极的。此外，很多人认为，在大部分时间，他们都是积极、乐观、快乐的。到目前为止，一切研究表明，在各国语言中，积极词汇带来的效率更高。英语中很早就开始使用积极词汇，比消极词汇的运用早了150多年（例如，“更好”比“更糟”出现得更早）。当人们体验积极的良性氛围，而不是消极或无感情色彩的氛围时，他们的中枢神经系统（即交感神经）会变得最高效，因此，大脑灰质的密度得以提高，身体节奏的连贯性也达到了顶峰。

某些研究指出，如果经常受到积极事物的影响，寿命就会增加。例如，普雷斯曼和科恩研究了有关著名心理学家的旧报刊，并统计了这些心理学家写作中使用的积极词汇和消极词汇。他们发现，在作品中善于使用积极词汇的心理学家，他们的平均寿命要比使用消极词汇的同仁长6～7年。普雷斯曼也研究了一些著名的歌手，发现用积极的歌词唱情歌的歌手，他们的平均寿命要比用愤怒的歌词唱情歌的歌手长 14 年（有趣的是，歌曲内容并不影响词曲作者的寿命，而是影响反复演唱者的寿命）。斯诺登做了一项著名的调查，他针对 678 名天主教修女进行的研究表明，当她们进入修道院的时候，那些在日记和自传性随笔中极大量使用积极词汇的修女，她们的平均寿命比使用消极词汇的修女长 12 年。

换句话说，偏爱积极思维的人们，在思想、判断、情感、语言、互动和生理功能中都会有所体现。人类天性倾向于积极的事物，相关的经验证据表明，积极性是人类的首选和最自然的状态，其他生物也是如此。正向领导力实践可以促进一种充满阳光的正能量效应，帮助人们向着积极的方向前进。

多一些积极，少一些消极

然而，另一方面，也有大量的证据表明，人类对消极事物的反应比对积极事物的反应更加强烈。“负面新闻比正面新闻的报纸销量更大，人们更注重批判性评论而不是赞美，创伤事件比正面事件具有更强大的影响力。一切生命都会对威胁其生存或不适应的信号做出强烈又快速的反应。”

例如，消极信息和消极事件的影响比积极信息或愉快事件的影响时间更长。通常情况下，一段悲剧经历（例如虐待、暴力）可以毁掉许多积极事件的影响；可是，一个积极事件甚至无法压制一个悲剧事件的诸多影响。积极事件让人记得更准确、更长久；消极事件则让人在短时间内记忆深刻、无法释怀。事后人们调整情绪的时候，消极事件比积极事件留下的印迹更深刻。负面或沮丧的社交互动比积极或有用的社交互动对人们的影响更沉重，通常会让人产生各种抑郁或不良情绪。人们倾向于花更多的时间去思考那些具有威胁性的个人关系和受阻碍的个人目标，而不是支持性的个人关系和无障碍的个人目标。当消极事件发生时（例如，打赌输了、受到辱骂或遭到罪犯伤害），人们会花更多的时间去搞清楚来龙去脉。当积极事件发生时，他们却没有兴趣去努力查明真相。

在人类的互动过程中，不良的人格特质比良性的人格特质更加让人印象深刻、记忆犹新。坏名声来得容易，还很难摆脱；好名声很难获得，却很容易失去。在面试的时候，如果你给面试官的第一印象好，那么，若想破坏你在面试官心中的印象，只需要38%的不利信息就可以破坏局面；如果你给面试官的第一印象差，那么，若想改善你在面试官心中的印象，你需要88%的有利信息才能扭转乾坤。例如，你若想成为好员工，那就必须一直表现好；但是，你若想变成坏员工，只需要做一点儿坏事就可以了。

负面事件（例如损失金钱、被朋友抛弃和遭到批评）比正面事件对个人产生的影响更大（比如赢钱、交到朋友和得到赞美）。这并不是说，坏事情总会战胜好事情，给人们带来厄运和痛苦。相反，由于数量上的优势，好事情可能会战胜坏事情：众多好事可以克服一件坏事带来的坏心情。然而，当好事和坏事数量相当时，坏事带给你的痛苦要多于好事带给你的快乐。

因此，正向领导力的一个重要功能就是教给大家克服负面影响的方法、技巧和实践。当我们对正向领导力实践的重视超过消极领导力实践的时候，个人和组织往往都会取得辉煌的成就。

正向领导力与组织绩效

当然，个人效应与组织效应不同。在组织中，领导者必须解决各种各样的问题。他们必须考虑到项目的流程、程序和结构。他们必须尊重文化、内涵价值和传统惯例。他们必须考虑员工的偏好和人际关系。因此，大家要记住一个重要的原则：无论是个人还是组织，积极的实践可以产生积极的结果。在过去的10年中，大量经验证据表明，正向领导力实践在组织中产生了良好的效果，也对个人产生了积极的效应。例如，针对多个行业和部门的研究表明，实施正向领导力的组织提高了盈利能力、生产力、质量、客户满意度和员工留任率。

例如，有一项早期研究项目评估了7家运输业公司的正向领导力实践成果。研究结果（如图2所示）表明，这些公司的正向领导力实践越多，在6个方面取得的绩效就越高——盈利能力、生产力、质量、创新、客户满意度和员工留任率。随后，有16个不同行业的营利性和非营利性组织也纷纷进行了正向领导力实践，这些组织机构包括通用电气、国家城市银行和办公用品公司等大型公司，以及基督教青年会、医院和教育组织等小型非营利性公司。该研究结果与图 2 中的结果非常匹配：推行正向领导力实践的组织，它们的绩效明显优于没有实施正向领导力的组织。

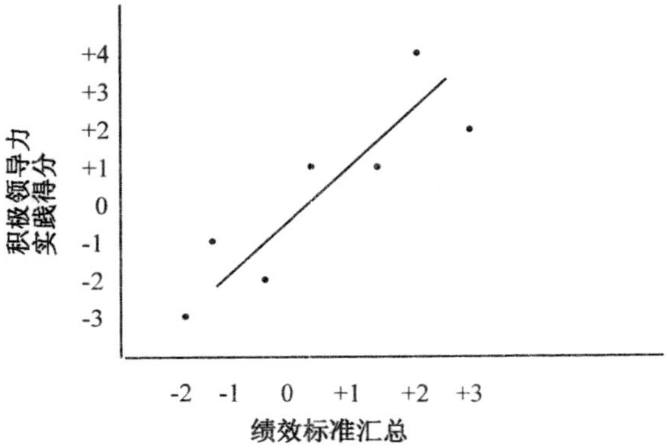

图 2　公司绩效和正向领导力实践

图片来源：卡梅隆、布莱特、卡扎（2004 年）

2001 年 9 月 11 日恐怖袭击悲剧之后，美国交通行业又进行了一项调查。在世贸大楼坍塌和五角大楼被撞之后，所有的航班都暂停几天。当航空公司再次允许驾驶客机时，最大乘客量只有先前乘客量的 80%。而问题在于，美国航空公司的经济模式的运行基础是满座率至少达 86%，因此，所有的航空公司都存有大量的剩余生产力和成本。图 3 展示了各家航空公司实行裁员的规模。

每家航空公司都以各自的方法进行裁员和削减成本。不同

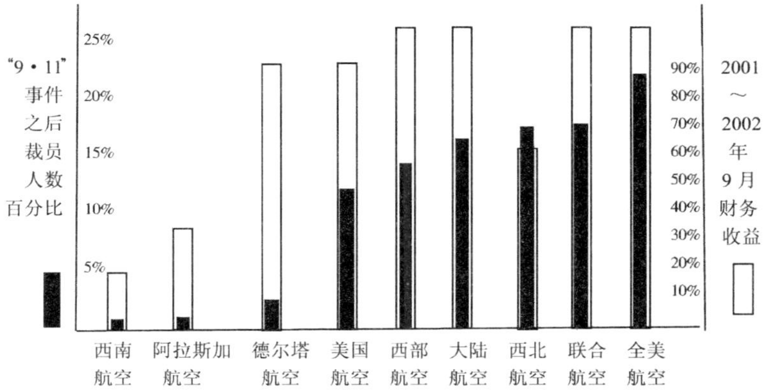

图3 "9·11"事件之后美国航空公司的裁员规模与2001～2002年9月财务收益之间的关系图

图片来源：吉特尔、卡梅隆、利姆、里瓦斯（2006年）

的方法与正向领导力实践的匹配程度不同。例如，全美航空公司的相应措施是：裁员20%以上，宣布财务危机，这意味着不用支付福利和遣散费就可以裁员，并宣告劳工合同无效。又如，西南航空公司却没有裁员："你要告诉你的员工，你珍惜他们，你不会为了短期内的那点小钱而去伤害他们。不解雇员工，可以提高员工的忠诚度。如此一来，就可以培育员工的安全感和信任感。"

可问题是，如果不裁员和降低相关成本，可能会使该航空公司的生存能力遭遇风险。因为股东和投资者根本不懂得同情员工的遭遇。在华尔街只有一个目标：获得投资回报。这可能表明，西南航空公司因为拒绝裁员，将遭受华尔街投资者的严重处罚。

这 9 家航空公司在裁员措施中的正向领导力实践程度有所区别。某些公司维护员工的尊严、提供财务支援和安全保障，其他公司则没有这么做。如图 3 所示，在接下来的 12 个月中，这些公司的股票价格或财务收益与他们一贯利用的正向领导力实践程度之间的相关性是 0.86。显而易见，贯彻正向领导力实践的公司获得了更多的资金，经济复苏速度也比那些没有执行正向领导力实践的公司更快。

另外还有两项研究——其一是调查 40 个金融服务组织，另外一个观察了 30 个医疗卫生组织——结果都十分相似。在这些研究中，研究者们审查了多年来的绩效改善情况，以便准确估算出正向领导力与组织绩效之间的关系。他们检验了这些组织两年来的正向领导力实践，一年后又衡量它们的组织绩效。在上述两个行业当中，如果贯彻正向领导力实践，绩效分数也会明显提高。图 4 表明，贯彻正向领导力实践之后，医疗卫生组织的各项绩效提高的百分比都超过了 10% 。

这些研究清楚显示，正向领导力实践可以在所有类型的组织中产生显著的改善作用。本书介绍的正向领导力已经在医疗卫生组织、军队、政府、教育机构、金融服务部门、制造业和

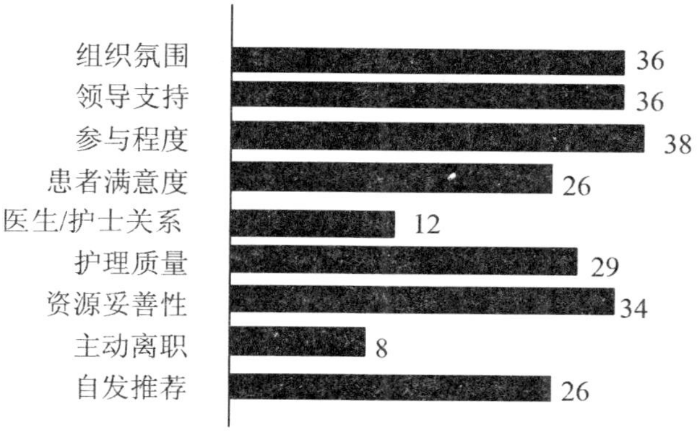

图 4　两年来，医疗卫生组织的绩效提高百分比示意图

图片来源：卡梅隆、莫拉、劳埃彻和卡拉尔科（2011 年）

零售业等领域的组织中得以实施。它们的影响不限于特定部门或特定类型的组织。

正向领导力实践方法和技巧

本书第二章“如何重塑和完善组织文化”，详细阐述了旨在实现组织文化变革的五大具体步骤。第一步着重于文化变革的准备工作——例如，制定对比的标准、改变语言风格。一切变革都伴随着阻力，所以第二步讨论了克服阻力的方法与技巧。当一切准备就绪，阻力也得以控制的时候，人们需要弄清楚新型文化的真实面貌，所以第三步阐明了如何重塑和完善组织文化。我们在憧憬新型文化前景时，需要动用左脑逻辑思维，还要善用右脑想象力思维。第四步的任务就是执行活动案例，实现新型文化愿景的承诺。值得提醒的是，承诺和参与息息相关。第五步是促进可持续性发展，让丰富的新型文化成为组织制度之一，并持续发展下去。

如果领导者不能传递正能量，那就算不上积极领导者。因此，第三章“如何广泛传递正能量”，概述了积极领导者为组织和他人创造卓越绩效的实例。第三章还介绍了在各个组织环境中得以成功应用的几种传递正能量的具体方法与技巧。比如，娱乐性工作、募捐活动和绘制正能量网络图等相关实践。

正向领导力并不等于“时刻微笑和甜蜜互动”。有时，积极领导者不得不传递消极的信息，还要解决众多难题或处理棘手问题。第四章“如何积极传递消极意见”指引大家，作为领导者，即便不得已传达修改建议或反对意见，也要采用一系列有效方法和技巧，以建立纽带、加强关系和巩固感情。只有不激起反抗、不挫伤自我或不废弃对立观点的良性批判，才会收到卓越的成效。

目标设定是激励绩效和维持责任的一种非常普遍的技巧。第五章“如何制定和实现终极目标”，着重讲述了设定普通目标和树立终极目标之间的差异。终极目标与更为人们熟知的“SMART 目标”有几点共同之处——两者都具备特定性、可衡量性、一致性、现实性和时限性。此外，终极目标还具备五大特征，因此更为独特。这些特征与“积极导向”有关——相当积极的表现和非常卓越的绩效；它们与内在价值有关；它们不但要解决问题，还立足于肯定取向；它们旨在做贡献，而非只顾个人利益；它们还不断创造和传递正能量。总之，第五章告诉大家如何制定终极目标，并努力实现个人和组织的终极目标。

正向领导力是组织环境中最常遇到的问题。人际关系中的正向领导力与组织环境中的正向领导力，两者的作用未必相同。组织动态往往会让事情复杂难料，还会激起人们的竞争价值观念和患得患失的意识。第六章“如何在组织中应用正向领导力”，简要介绍了竞争价值体系，展示了在组织环境中实施正向领导力的各种方法和技巧。本章还对正向领导力进行了批判——正向领导力强调仁慈和温柔，忽视了坚定性、竞争性和挑战性。这里介绍的方法和技巧可以软硬兼施，全面解决正向领导力问题。

本章总结

本书阐明了实践正向领导力的各种方法和技巧，针对最常见的技能进行了补充，而不是简单的重复。这里描述的正向领导力实践都满足三个标准：第一，它们已经被实际案例证实有效；第二，它们拥有自己的理论基础；第三，它们已经在众多的组织环境中得以实践。每个实践都已帮助积极领导者在组织中产生非常积极的效果——当然也能帮您在自己的组织中产生积极卓越的效果。

第二章

如何重塑和完善组织文化

长久以来，组织文化已经成为预测高水平绩效的最重要的指标之一。各个组织机构在蓬勃发展中缔造了丰富的组织文化，增强了所有成员的集体能力。组织文化的特点是：整个组织体系中存在着许多正能量，包括良性实践、适应性学习、意义深远的目标、成员参与度以及正向领导力。大量的经验证据表明，具备丰富文化的组织比其他组织的绩效水平更高。从某种意义上说，重塑和完善组织文化也就是推进文化变革，因此，本章将会讨论积极领导者推行文化变革的五大基本步骤：为变革做好准备工作，克服变革中的阻力，阐明新型组织文化蓝图，努力实现文化愿景，并让新型文化一直保持可持续性发展。

组织文化的定义和结构

当我们谈及组织文化时，我们理所当然指的是规范该组织的本质特征和行为的价值观、期望值、集体记忆及隐含意义。文化反映的是人们头脑中携带的主流意识形态。哪些东西可以接受，哪些东西不可以接受，对此，文化通常会提供不成文但不言而喻的指导方针。大部分文化在接受挑战或反抗之前都隐藏得很深。例如，我们不是每天早上醒来都会有意识地选择讲自己的母语（我的母语是英语）。我们没有意识到自己在讲某种语言，直到我们遇到一个不讲这种语言的人，才会注意到自己一直习以为常的事情。因为在大多数时候，文化是一种无法察觉的东西，因此也难以把握或改变。

从最基本的层面上看，文化指的是限定人类状态及其与环境关系的隐含假设。图 5 说明了组织文化的不同层次和表现——从习以为常和难以察觉的因素，到更加露骨和显而易见的因素。

建立在文化基础之上的东西就是人类的美德——大家都认

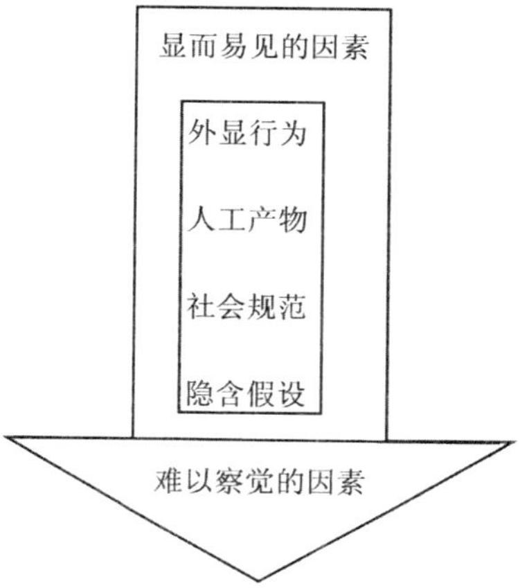

图5　组织文化的构成因素

为那是正确和美好的东西，可以督促人们去努力做最好的自己。可这些只是隐含假设而已。这些人类公认的美好事物包括自由、正义、同情、善良、信念、仁慈、勇气和爱。隐含假设和价值观产生了社会契约和规范。这些都是管理人类如何互动的约定和程序——包括文明、礼貌和礼仪规范。人工产物是更加明确和明显的文化表现，例如，我们居住的房子、我们穿的衣服、我们喜欢的娱乐活动，以及我们用来表明身份的标签、旗帜、涂鸦和装饰。最明显的文化表现就是文化成员的外显行为。在群体或组织中，这是人们进行互动的方式，也是他们期望的表达方式，还是人际关系形成的途径。

当领导者开始推行文化变革的时候，通常会采取外显行为和明显举止来加以鼓励。这些行为举止变化并不表示文化转变，但预示着即将开始更加深刻的根本性文化变革。积极领导者的任务就是：通过初步努力，重塑和完善组织文化，使其成为一种组织制度和组织中不可或缺的有机成分，从而促使组织文化发生实质性变革。文化变革的宗旨是不断促进可持续性发展。圣雄甘地有一句名言，描述了这个过程："保持积极的思想，因为你的思想将成为你的言语；保持积极的言语，因为你的言语将成为你的行为；保持积极的行为，因为你的行为将成为你的习惯；保持积极的习惯，因为你的习惯将成为你的价值观；保持积极的价值观，因为你的价值观将成为你的命运。"

积极领导者知道，文化变革发生的基本前提就是：组织中的成员开始以新的方式思考，并改变过去常常用来感知周围环境的理论框架或范畴，转变对人类活动的意义诠释，注重潜力而不只是概率，并体验意识形态的变化。

通用汽车公司重塑企业文化

20世纪80年代，通用汽车公司在加利福尼亚州弗里蒙特市建造了一家工厂，在那里组装雪佛兰诺瓦汽车。该工厂的生产力水平极低，平均缺勤率为20%，工厂员工每年禀诉冤屈的事件多达5000例——与工人总人数相同。工人们每年擅自离岗和自发罢工3~4次。公司的销售额在下降，质量、生产率和客户满意度等指标都糟糕透顶。通用汽车公司只好关闭了这家岌岌可危的工厂，并解雇了所有的工人。

然后，为了重塑企业文化，通用汽车公司开始与丰田汽车公司合作，成立合资企业，推出新款汽车。丰田公司抓住了这次机会，与当时世界上最大的汽车公司合作。他们选择弗里蒙特工厂作为合资企业的场地，这家工厂在闲置大约18个月后，又重新运营了。重新运营两年后，工厂缺勤率为2%，没有发生罢工现象，销售量、生产力、质量和客户满意度都达到通用汽车公司历史上的新高。

在这里工作了20多年的生产线员工们——无论是以前旧工厂的员工，还是新的合资公司的员工——都应邀来讲述两家公司合作之后的可喜变化。在旧工厂倒闭之前，雇员们感觉自己在组织中没有任何股权，因此，许多员工会故意想办法搞破坏。例如，有个员工把吃剩的三明治放在一辆汽车的车门后面。一个月后，购买这辆汽车的客户就会闻到一股恶心的臭味，但无法确定这种臭味来自哪里。或者，把松动的螺丝放在车架的隔间里，那里将要焊接成封闭空间，这样一来，整个车架都会发出恼人的咔嗒声。

合资企业重新开业之后，创建了一种新型企业文化，鼓励员工采用积极方式去思考公司事务以及他们在公司中担任的角色。例如，每个员工都可以自主选择自己的职位。有一位工人，他的工作是监视机器人焊接车身的零件，他的职务是“焊接技术部主任”。所有员工都获得了自己的新职务，这就是新型企业文化的特征。结果员工们的所有权和参与感产生了戏剧性的变化。这位工人说：“现在，当我去观看‘旧金山 49 人队’或‘金州勇士队’比赛，或者去购物中心的时候，就会在停车场寻找我们公司制造的汽车。我每找到一辆，就会掏出自己的名片，在背面写上：‘我参与了这辆车的制造流程，如果有任何问题，请打电话给我。’我把名片放在了挡风玻璃外的刮水器下面。我这样做，是因为我个人愿意对这些汽车负责。”

这个例子说明了一场根本性的文化变革——这是以价值为中

心的本能转变，也是正确和值得接纳的革新。员工采用了不同的方式来思考公司事务和自己在公司中担任的角色，从而显著提高了生产力、质量、效率和士气。充分的经验证据表明，丰富的组织文化和良性实践对业绩和效率产生了戏剧性的积极影响。

在本章接下来的内容中，你会发现一系列重塑组织文化的实用步骤，如图 6 所示：为变革做好准备工作，克服变革中的阻力，阐明新型组织文化蓝图，努力实现文化愿景，并让新型文化一直保持可持续性发展。重要的是，要强调每一个步骤的必要性——前一步是后一步的依赖基础，后一步是前一步的巩固加强。也就是说，跳过任何一个步骤，组织文化变革都不会顺利进行。还必须指出的是，虽然这些步骤激励了文化变革进程，但不能保证组织文化重塑成功。文化变革需要时间和坚持，而事实证明，这些步骤都是重塑和完善组织文化的有效途径。

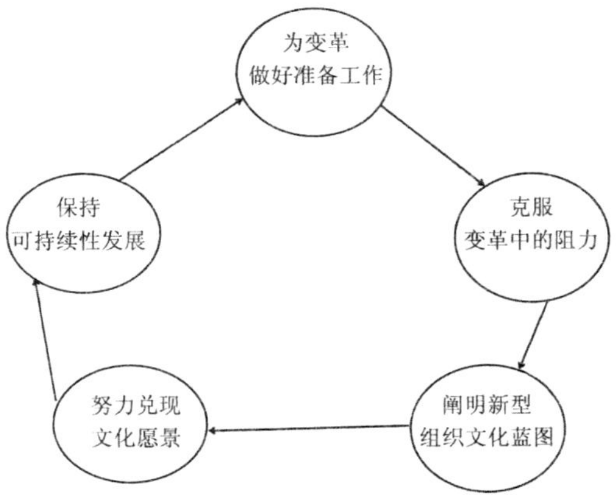

图 6　重塑组织文化的五大步骤

做好准备工作

我们可以采用“对比法”为文化变革做准备：将当前的绩效水平与你可以找到的最高标准进行比较。首先，看看还有谁的执行力如此壮观；其次，研究一下那些最佳实践的细节；然后，确定超越它们的方法。如此一来，你就可以制定出人们梦寐以求的标准，帮你慧眼识良机。

辨认最佳实践并不意味着复制或模仿。相反，它意味着捕获新的信息、新的创意和新的观点，并从中学习。

这里有几种标准，可供大家参考：

对比标准：将当前业绩与先进个人或组织业绩进行比较。（例如，我们如何应对最强的竞争对手？）

目标标准：将当前业绩与公开宣布的目标进行比较。（例如，我们如何与梦寐以求的目标进行比较？）

改进标准：将当前业绩与过去所取的进步进行比较。（例如，针对过去的进步趋势，我们该怎么做？）

理想标准：将当前业绩与理想标准或完美标准进行比较。

（例如，我们如何应对零缺陷标准?）

利益相关者的期望值：将当前业绩与客户、员工或其他利益相关者的期望进行比较（例如，我们如何帮助客户取得成功?）。

活动案例：学会对比，你会迎头赶上

若想为文化变革做好准备并确立梦寐以求的标准，请考虑以下的活动清单。选择两三个，作为促进文化变革的初始步骤，并严格执行。

- 同样的任务，看看还有谁比你做得更出色。
- 款待那些愿意给你的工作环境提出中肯意见的访客。
- 赞助学习型活动，比如客串讲座、研讨会或学术会议。
- 创立学习小组和任务小组，参与各种最佳实践活动。
- 安排对其他网站或地点的访问事宜。
- 鉴定与文化变革的现状和优势相关的问题。
- 看清“这对我有什么好处”——站在受影响人群的角度思考问题。

我们还可以采用“语言法”为文化变革做准备：改变人

们在组织中使用的语言风格。无数的实践已经表明，当你使用新的语言风格时，你的视角就会发生变化。例如，沃伦·本尼斯和伯特·纳纽斯曾经指出，教育机构、政府、商业组织、艺术团体和军队中最成功的领导者，就是那些开发了一种特殊语言的人，他们的语言中绝不会出现“失败”这个词。相反，他们会换一种措辞：暂时性放慢、开始失利、疏忽、错误、漏洞、绊脚、堵塞、障碍、失望或不成功。为了组织的利益，这些领导者懂得换一种语言来解读尴尬的现实，并鼓励大家再次尝试，不断进取，努力重塑丰富的组织文化。

例如，很多组织机构称自己的员工为“队友”“同伴”“家人”甚至“女士们和先生们”（比如，丽思卡尔顿酒店）。这种语言环境旨在塑造一种文化，展示行为期待和价值观。在迪士尼公司，招聘员工的部门是“演员选派部”，而不是人力资源部。受雇员工被称为“演员”；不管他们做什么工作，都会穿上“戏装”，而不是制服；他们服务的对象是“客人”和“观众”，而不是游客；他们在“景点”工作，而不是在办公室、商店或游乐园打工；他们在表演中扮演“角色”（甚至是牧师），而不只是在打一份工；在工作时间，他们在“舞台上”；工作之余，他们还要去“舞台外”放松、吃饭或社交。

改变措辞的意图是改变个人对自己的工作、角色和价值观的看法。换一种语言风格，可以有效阻止员工们胡思乱想。改变语言风格有助于解开旧的心结，缔结新的诠释，以积极的方式表达积极的语言。也许你们听过这样一句话：做点让人闹心的事，也可以促进文化变革。这样做通常很奏效，但也会导致防备、恐惧、危机和消极反应。换句话说，我们最好采用这样的方式来重塑组织文化——进行正面激励，而不是展示阻力；提供乐观的选择，而不是激起恐惧的反应。

活动案例：变换语言，成功就在前方

在组织或工作场所中遇到重要的事情，请变换语言来捕捉你想要加强的价值观、感受和组织文化。变换语言通常指的是换一种措辞，但也可以使用标志语言或符号。目的就是使用语言或符号去传达你想要构建的组织文化。请看下面的例子：

原始词汇	替代标签
员工	同事
客户	宾客
工作空间	游乐场

休息空间	欢乐工厂
任务	游戏
材料	资源
成果	追求完美
措施	责任
媒体	形象设计者

在文化变革的准备工作中，你会选择什么样的语言、符号或标志呢？

克服变革中的阻力

大多数变革都会令人不爽，文化变革尤其如此。深刻的信念和美好的想象惨遭挑战，更不要说人际关系的破裂、权力和地位的中断，以及组织中日常行为的破坏了。人们通常认为，文化变革属于消极范畴，因此很可能遭遇阻力。积极领导者的作用就是克服阻力，并将其转化为正能量。

克服阻力的方法之一是使用库尔特·勒温的场域理论。这种理论采用力场分析法来诊断和克服阻力。根据该理论，当前的组织文化是多种力作用于相反方向上的产物，如图 7 所示。

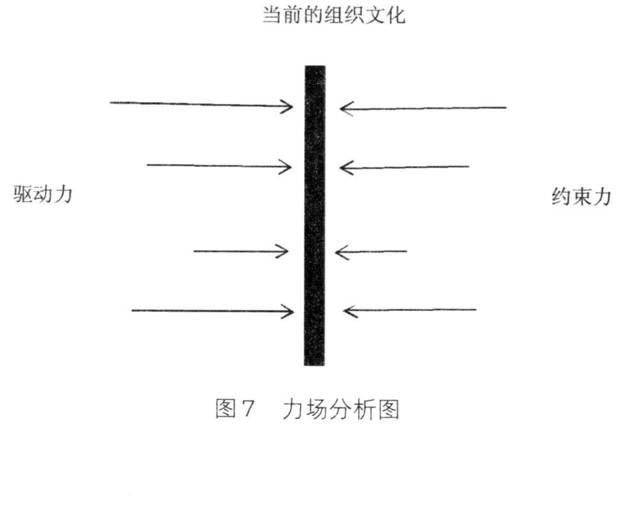

图 7　力场分析图

图中右侧是约束力或阻力因子，那是抑制变革的因素。图中左侧是驱动力或激励因子，那是鼓励和改善文化变革的因素。当前形式下的组织文化是稳定的，因为驱动力与约束力相当平衡。图中两侧的线条代表了相等和平衡的力，解释了组织文化的当前状态。积极的文化变革是由力的不平衡造成的。因此，若想克服文化变革的阻力，就得弱化或消除约束力，并加强和增加驱动力（参见图8）。

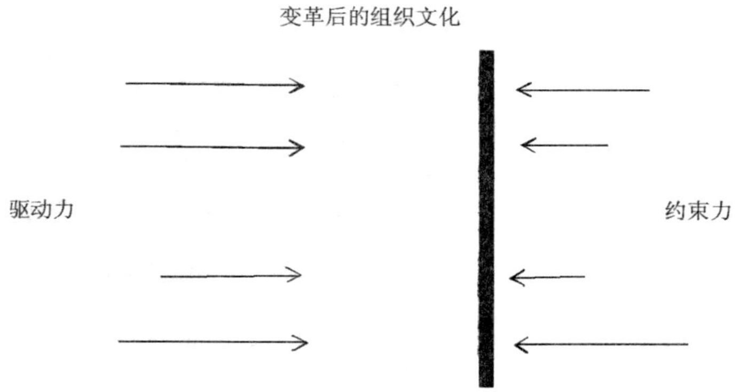

图8　采用力场分析法解读文化变革

减少约束力

有一种减少阻力的策略人人皆知，那就是——邀请那些深受变革影响的人们参与进来。我们可以邀请他们收集数据、协助执行、促成项目成果或与他人沟通。当一个人认为自己在变革流程中拥有发言权，可以获得相关的有效信息，并赋予某些酌情决定或选择权的时候，阻力就会减少。

还有一种频繁使用的策略——找出变革推进者与变革反对者都赞同的领域。该策略的基础就是所谓的“谈判技巧”——寻找各方都认同的东西，然后开始建立共同领域。当文化变革的倡导者表现出对相反观点的同情和理解时，就会显得特别真实可靠。对那些反对文化变革的人展示真诚的关怀，有助于维护他们的自尊，以免造成他们的观点无关紧要、愚昧无知、无效作废的假象。

还有一个策略，强调的是即便在新型文化发展之后也不会改变的东西。强化那些熟悉和舒适的东西，以及将被保留的方方面面，有助于减少歧义、质疑和焦虑情绪。阻止文化变革的人们至少可以保留一些过去熟悉的文化元素。

增加驱动力

我们知道，增加和强化驱动力的第一大策略就是：看清利益、未来机会和理想结果。例如，新型文化具备什么优势？我们可以运用这样的技巧：强调和首选那些与文化相关的过往成功和成就。例如，有什么证据可以表明新型文化变革确实带来了更多的成功或机会呢？

文化变革的倡导者拥有的力量和声望越大，组织中其他成员对他的阻力就越小。因此，加强驱动力的第二大策略就是：获得有权有势或有影响力的个人的支持，建立知名人士或德高望重之辈的联盟，并创建由正能量人员组成的“改革小组”。那些懂得激励和鼓舞他人的人，可以担任信使和倡导者，以便减少阻力。

本尼斯、本尼和奇恩等专家发现，人们都宁愿跟随那些展示得体的价值观的领导者——即使他们不同意那些价值观也无妨——而不去追随那些价值观不明确或不稳定的领导者。劳伦斯·柯尔伯格发现，最有影响力的变革者，就是那些展示全面、普遍、得体的价值观的领导者，他们可以阐明价值观的代表意义。因此，增加驱动力的第三大策略就是：阐明和示范一套核心的价值观和优点，丰富的新型文化将以此为基础。因为这些特质充满了阳光正能量，人们都喜欢跟随那些创造基于核心价值观和优点的组织文化的领导者。

活动案例：克服阻力

下面的列表说明了克服阻力的一些方法。请针对你自己的组织，选出可以减少阻力和增加驱动力的做法。

减少阻力：

- 让其他人参与进来；
- 寻找大家都认可的领域；
- 认清不会改变的因素。

增加驱动力：

- 看清利益；
- 成立联盟并挑出佼佼者；
- 建立和展示一套核心价值观。

勾勒清晰的文化蓝图

当一切准备就绪，阻力也得以控制的时候，人们需要弄清楚新文化的真面貌。这就是阐述文化愿景的程序：将组织描绘成繁荣的源泉，组织作为一个实体，可以创造一份令人瞩目的文化遗产。这种愿景有助于释放人类的潜能，因为它解决了人类的基本愿望——做点不一样的事，做点有巨大影响的事。

丰富的文化蓝图不同于目标成就或效果的愿景，例如，赚取一定的利润，成为市场中的第一名，或者备受赞誉。相反，丰富的文化蓝图，展示的不仅是你的头脑，还有你的心灵。它吸引人之处在于：这是一个有趣的蓝图，同时开发你的左脑思维和右脑思维。

左脑和右脑都要调动起来

人的大脑分为左半脑和右半脑。左半脑控制着理性的认知活动。比如，顺序思考、逻辑、演绎、数字思维，等等。阅读、解决数学问题和理性分析等活动是由左脑思维主导。相比之下，右半脑控制着非理性的认知活动。例如，直觉、创造力、幻想、情绪、图画意象和想象力。谱写曲子、讲故事和艺术创作等活动与右脑思维相关。

左半脑和右半脑都不能离开彼此而独立工作，因此，描述文化蓝图的时候，必须把左脑和右脑同时调动起来一起思考。目的、目标和行动计划（左脑功能）必须辅以隐喻、丰富多彩的语言和想象力（右脑功能）。不幸的是，大多数组织在描述文化蓝图的时候，几乎完全由左脑主导。他们更注重目标、过程和期望的结果，而不是情绪、意象和优点。

若要阐明左脑在描述组织文化蓝图中的作用，请回答以下问题：

- 作为一个组织，我们最重要的优势是什么？
- 我们的战略优势在哪里？
- 我们需要解决哪些主要问题和障碍？
- 什么阻碍了伟大变革的道路？
- 我们需要的主要资源是什么？
- 我们需要什么信息？
- 谁是我们的主要客户？
- 我们必须做什么来响应利益相关者的期望？

- 我们将达到怎样的互利成果？
- 我们的监测标准是什么？

若要阐明右脑在描述文化蓝图中的作用，请回答以下问题：

- 我们能达到的最高目标是什么？
- 我们过去做了什么事情来展示惊人的积极表现？
- 我们可以讲什么故事或事例来说明我们的立场？
- 我们可以使用哪些隐喻或类比的手法来描述我们的理想和未来？
- 哪些符号可以帮助你捕捉人们的想象力？
- 哪些丰富多彩的措辞和鼓舞人心的话语可以说明我们的信仰？
- 人们可以搜集哪些标签或图像？
- 关于我们要追求的事物，我们最在意的是什么？

组织文化不仅丰富而且有趣

玛瑞·戴维斯发表了一篇经典文章，内容是解析为什么人们认为某些信息有趣、某些信息无趣。据戴维斯说，信息的真实性与这一判断无关。相反，信息的有趣程度取决于它反驳弱势假设和挑战现状的程度。如果新信息与已知的信息一致，人们则倾向于将其视为常识而无视它的存在——这并不是很有趣。如果新信息明显与强势假设相矛盾，或者如果它公然挑战组织成员的核心价值观，那么，它就会被标榜为荒谬、愚蠢或亵渎——而且因为无趣而被忽略。人们认为，有趣的信息应该是这样的：可以协助创造新的方式来观察未来，挑战事物的当前状态，但不是核心价值观，并将人们的思维尽可能地提升到新的领域。有趣的信息会引人入胜，并创造各种新见解或挖掘新颖的思维方式。

文化蓝图通常丰富而有趣。它包含着面对和改变人们对过去和未来的思考方式的挑战和产物。这些信息并不偏激，也不具威胁性，而是吊人胃口，令人振奋不已。例如，美国总统约翰·肯尼迪曾经要求“用10年的时间把人类安全送上月球”；美国西图公司首席执行官拉尔夫·彼得森曾经提出“企业不朽”；哈门那公司首席执行官迈克·麦克里斯特曾经奉行“完美服务”；苹果公司创始人和首席执行官史蒂夫·乔布斯曾经憧憬“一人一台电脑”。这些都是挑战现状的愿景，但方式并不古怪。他们总是描述这样的蓝图——引人入胜又挑战人们对事物的正常感知能力。这些蓝图如此有趣，原因在于它们引人注目并能传递正能量。

活动案例：描绘你的文化蓝图

请大家想一想自己听过的具有启迪意义的文化蓝图。请看下面的例子：

马丁·路德·金的演讲——《我有一个梦想》

(http://historywired.si.edu/detail.cfm?ID=501)

纳尔逊·曼德拉的演说——《我愿为这一理想而献身》

(http://db.nelsonmandela.org/speeches/pub_ view.asp?Pg=item&itemID=NMS010&txtstr=1963)

温斯顿·丘吉尔的演讲——《永不言败》

(http://www.winstonchurchill.org/learn/speeches/speeches-of-winston-churchill/103-never-give-in)

请写一段简单的话，阐述你自己的文化蓝图。你可以为你的组织写，也可以为你自己写。你要保证，你的蓝图中至少包括一个故事、隐喻或图像。这不是在陈述你的目标设定或问题解决方案；相反，它是一份缔结丰富文化的声明。请回答这个问题："根据我们最关心的事物推断一下，我们可以实现的最鼓舞人心的最高愿望是什么？"

以约翰·斯卡利阐述的蓝图为例。1987 年，苹果公司发展早期，他接任了史蒂夫·乔布斯的工作。下面就是他发表的声明：

我们都处在创造非凡公司的旅程当中的一个环节。在未来几年里，我们打算做的事情，以前从来没有人做过……“一人一台电脑”仍然是我们的梦想……我们想让个人电脑成为工作、教育和家庭中的一种生活态度。苹果粉丝都是搬运工的典范……我们希望成为催化剂，为人们探索做事的新方法……苹果的方式开始于创造极好的产品，拥有很多独特的价值……我们已经为苹果选择方向，这将会带来我们从未梦想过的奇妙创意。

努力兑现文化愿景

一旦阐明了丰富的文化蓝图，积极领导者就得帮助组织成员致力于实现这一愿景——将组织的文化蓝图视为自己的个人愿景，并努力取得成功和效果。描绘蓝图的全部宗旨就是：调动执行者和被影响者的能量和潜力。培养一种丰富的文化，其前提就是致力于实现这一文化愿景。

积累一个个小成功

我们都信任成功者，却很少相信失败者。当某球队取得出色的战绩时，球迷们会观看该球队的更多比赛；反之，球迷们则不会去关注该球队的比赛。口头上宣扬要投票选出候选人的人数，总是大大超过了实际收到的票数。换句话说，当我们看到某人成功或进步时，就会更加积极地做出承诺与响应，并继续奉上我们的支持和拥戴。

积极文化变革的领导者，总是懂得看清和宣传一个个小成功，从而创造最终的大成功。我们可以设定一个个小目标，比如，刷一层新漆，取消预留的停车位，增加一个展示柜作为奖励，悬挂一面旗子，举办社交活动，建立一项建议制度，等等。设立小的成功战略，旨在通过创造快捷的小变化来缔造进步意识和动力。小成功的基本原则是：寻找容易改变的事物，改变它、宣传它，或公开认可它。然后，再寻找另一个容易改变的事物，重复这个过程。

一个个小成功堆积起来，就可以实现宏大的文化愿景。这些小成功有八大作用：

（1）它们会削弱变化带来的影响。比如："这个变化也没什么大不了的"；

（2）它们可以减少对群体或个人的要求。比如："我们没必要做那么多事情"；

（3）它们可以提高参与者的信心。比如："我也可以那样做"；

（4）它们可以帮助避免阻力或反击。例如："即使我不同意，这也只是一件小事"；

（5）它们能够吸引盟友，创造潮流效应。例如："我想参与到成功当中去"；

（6）它们能够创造进步的形象。比如："事情似乎正处在进展中"；

（7）即便它们没有积极的效果，也不会产生长久的负面影响。比如："即使不成功，也没有多大的伤害"；

（8）它们在多个领域内带头行动，能最大限度地减少阻力的产生机会。比如："我不能对所有人说不"。

勇于发表公开声明

发表公开声明，可以激励个人去做自己曾经承诺过的事。在发表公开声明之后，个人将会更加致力于自己所奉行的事业，做到更加表里如一。

例如，在第二次世界大战期间，美国的优质肉供应不足。库尔特·勒温发现，大声宣称要购买更多劣质肉（例如：肝脏、肾脏、大脑）的购物者与那些在私下做出同样承诺的人之间，存在着明显的差异。在另一项研究中，将一个班的大学生分为两组。全部学生都设定了自己的目标——他们要读多少书，以及在考试中得多少分。只允许一半学生对班上的其他同学公开说出自己的目标。期中考试的时候，公开宣布目标的学生平均成绩提高了 86%。私下设定目标的学生平均成绩只提高了 14%。

在制定文化蓝图的时候，我们应该主动寻求他人的公开支持，或让他人重新描述自己的蓝图。我们还要指派个人向公众、外部团体、其他员工或家庭成员去解释自己的愿景，让他们用自己的话语去阐述愿景和蓝图。此外，我们还可以成立讨论组，鼓励成员去完善或描述蓝图，也为公开承诺提供机会。

活动案例：实现文化愿景

如果你想实现丰富的文化，请找出两三个可以轻易改变的小事情，促使你在实现文化愿景中取得进展——从星期一早上开始，需要改变什么？到目前为止，已经完成了什么——你能把注意力集中在小成功上吗？你如何宣传这些小成功呢？你可以提供什么机会让人们去公开表达愿景呢？请花几分钟，找出一两个创造小成功和实现文化愿景的方法。

促进可持续性发展

文化变革过程中的第五步，旨在推动文化变革更加深入到组织，建立丰富的组织文化，使其成为组织制度之一，并一直持续下去。当变革水平超越了基本的表面行为、价值观、意识形态和偏好时，文化变革将经历可持续性发展。美国军队将这一步称为“创造不可逆转的动力”，它可以确保积极的文化变革成为永不失败的惯例。我们面临的挑战就是将文化愿景与有志之士分离开来——让组织中的所有成员去拥有并成为变革的捍卫者，创造和加强积极变革的过程，而不必持续依赖领导者。即使领导者离开，积极变革也会继续下去，因为可持续性势头已经到位。

当然，促进可持续性发展不是一蹴而就的事。发展丰富的组织文化，需要五大步骤，其中前四步必须先完成，它们是：为文化变革做好准备，克服变革中的阻力，阐明新型组织文化蓝图，努力实现文化愿景。可持续性是确保文化变革持续进行的最后一步，因为文化变革不是一举成功的事。

度量、措施和里程碑

度量（成功的具体指标）、措施（评估成功的方法）和里程碑（确定何时发生可检测性进展的基准）是确保文化变革可持续性的三大关键因素。这三个因素有助于保障文化变革的经济责任，可以清晰表述文化变革的进展程度和明确指标。有这么一句格言："你度量什么，你就得到什么。"它可以很好地说明这个问题。当变革成为人们负责实现的一部分目标时，它就变成可持续性的目标。因此，可持续性的积极变革意味着，当这场变革完成时，明确的指标已然确立，恰当的措施得以实施，伟大的里程碑也巍然屹立。

善于利用故事来煽情

实行和传播文化变革的时候，如果可以有效地利用故事的煽动性，那么，这种变革会取得更持久的成功。正如视觉陈述必须依赖右脑思考一样，文化变革也必须依赖于故事的渲染。如果利用讲故事的方式去表征新型文化的关键价值观、期待方向和行为原则，那么，效果通常会更加清晰有力。如果利用反复讲故事的手段去介绍员工在新型组织文化中体现的价值观和优点，以及他们所期望的行为举止，结果会得到很好的解释和展示。理想的故事利用了真实的经验，展示了个人情感，说明了丰富文化的关键特征。这些故事不需要太多，只要一两个就足以传达众人期望的文化蓝图。

传递正能量离不开社会支持

当人们处于变化和不确定的状态时，他们最需要得到社会的支持。文化变革是支持人际关系特别关键的时期。因此，社会活动、聚会和集体活动对于促进可持续性发展至关重要。建立支持者联盟并授权他们去传播和展示关键的文化价值观，也是有帮助的。特别提醒一点：请寻找和吸引那些正能量传递者和深受文化变革影响的人们。那些积极活跃和引人注目的人，必定可以影响他人的观点，甚至可以充当文化蓝图中价值观的楷模。

你的领导力价值百万

积极领导者必须具备组织维持变革所需的共识和协作能力。他们还必须培养必要的毅力和耐力，一旦在组织中培植了所需的文化，就必须坚持下去。总之，他们必须既能领导变革进程，又能加强和支持已经发生的变革。

积极领导者还必须表现出对变革的个人承诺和责任。我在这里介绍一个好方法：领导者要做出明显的“牺牲”，也就是公开放弃与当前文化相关的某些有价值的东西（比如：经济利益、身份象征或职务），从而让新型文化的价值观和优点变得更加具体。领导者的个人牺牲，不仅表明了个人对文化变革的责任，还传达了他的可靠性和忠诚度，以及他对新型文化的真诚奉献。

活动案例：促进可持续性发展

请看下面的问题，这些问题可以帮你确保组织中的可持续性文化变革：

度量：文化变革的关键指标是什么？我们如何知道文化变革正在发生？文化变革进展的指标是什么？

措施：我们将如何收集新型文化的相关信息？我们会评估什么？

里程碑：我们什么时候可以看到文化变革的明显效果？

故事：什么活动或事件说明了新型文化的关键特征、优点、价值观？我们什么时候展示过去的文化？

社会支持：我们可以通过什么方式将人们聚集在一起？如何让他们参与进来并达成共识？我们可以做些什么来建立更强大的社会关系？我们需要团结哪些人来支持文化变革？

领导力：我们优越的地方在哪里？我们需要发展领导力的地方在哪里？我们应该赞助哪些领导力发展活动来帮助领导者打造所需的能力和行为？我们可以做什么有意义且明显的个人牺牲？

本章总结

如果组织得以蓬勃发展，就能重塑和完善组织文化。这种组织文化既允许其成员个人积极发展，又可以让组织实现非凡的绩效。当然，本章中描述的步骤不够全面，也不是实现丰富文化蓝图的唯一途径。我们还要探索其他模式的文化变革，吸收更多有关文化变革的建议。不过，在组织中发生的众多实际案例表明，本章列出的方法非常有效，可以帮助大家发展丰富的组织文化。

第三章

如何广泛传递正能量

正向领导力的核心概念就是正能量。很多流行的文学作品都在大谈特谈压力、倦怠、抑郁、紧张、焦虑、疲劳、放弃和恐惧的代价，却很少关注正能量——其实，正能量才是组织和个人取得成功的最强大和最重要的因素。如果你的身上没有正能量，那基本不可能成为积极领导者。

本章举例说明了积极领导者在组织和员工中创造的非凡业绩，还介绍了一些已经成功应用到各个领域的方法和技巧。例如，娱乐性工作的技巧、培养奉献精神的方法和推广正能量的途径。

正能量的特点具有活跃感和激励性，显得生机勃勃、热情四溢。它是赋予我们生命的力量，给予我们坚决执行、勇敢创造和坚持不懈的信心。它可以挖掘我们体内的能量和源泉，从而提高我们积极向上的能力。可以说，正能量是积极领导者最重要的一个特征。

四大能量构建完美人生

为了学习如何培养正能量，我们首先必须区分几种人们熟悉但类型不同的能量：身体能量、心理能量和情感能量。

在人体中，身体能量与葡萄糖和三磷酸腺苷（ATP）之间的相互作用有关。此处的葡萄糖，是指为人体细胞提供能量的物质；三磷酸腺苷是指人体细胞产生的捕获能量并将其递送到需要部位的分子。无论是马拉松长跑，还是辛苦工作了一整天，这些活动都消耗了体内的能量，我们必须通过补充营养、放松和睡眠来恢复活力。

心理能量与精神感知是否集中有关。当你进行紧张的脑力工作时——例如，为考试而苦学、长期集中思考一个巨大的难题，我们的精神会出现疲劳状态。我们大多数人都经历过这样劳累的体验——就连思考的精力都没有了。心理能量亟须恢复，比如，让脑部休息、放松，以及将注意力转向不乏味的事物。

情感能量与热烈的情感体验有关。它与身体能量一样，可能会被下列事件消耗殆尽——例如，运动比赛中慷慨激昂的兴奋情绪、失恋或失去家人时的强烈悲伤——因此，一定要及时补充能量。倦怠是情绪疲劳的一个例子，就像其他能量一样，我们需要加以补充和恢复。

最后要介绍的是人际能量。与上述三种容易耗尽的能量相反，人际能量实际上是越体验越增长。在积极的人际关系中表达和接受人际能量，可以提升、鼓舞我们，让我们恢复青春活力。因此说，人际能量越消耗越增多。想象一下这样的场景：你正在和一个互相喜欢和关心的人进行互动，此时你的能量不会因为互动而减少或耗尽，而是得到了更新和增强。体验人生中的爱、滋润、呵护，这是生命的源泉，而不是生命的消耗。

本章将要介绍的内容是：组织中的领导者如何利用这种积极的人际能量，以及如何帮助他人灵活应用这种能量。

勿陷入激励理论的误区

乍看之下，你可能认为，正能量与单纯的激励是一回事。人们习惯假设，领导者的主要任务就是激励他人，而且确实也出现了有关激励和鼓励措施的大量经管著作。然而，激励和正能量不是同义词。激励主题的各种理论很少承认正能量是行动和绩效背后的驱动力。相反，那些理论普遍认为，人们会受到需求、目标或认知评价的激励。

例如，需求型激励理论认为，激励的诱因来自于未满足的需求。这些需求包括生存需求，比如个人安全和生理需要；亲缘需要或社会需要，如归属感、友好关系或自尊心；以及成长需求，比如实现自我价值和意义。还有作者认为，权力和成就的需求是激励的基础。在这些理论中，未满足的需求就是一种内在驱动力。（实现自我价值或成长需求是例外，它们让已经满足的需求更加激励你的斗志。）

又如，目标型激励理论认为，目标的存在有助于激励绩效。人们有一个明确目标或对象，以便指导任务的完成，因此受到激励。该理论认为，如果我们想要高绩效，就得经常设立目标，这是实现高绩效的一种途径。因为目标可以带给人们努力奋斗的动力。

再如，认知评价理论也就是期望型激励理论，它建议人们对自己遇到的情况进行认知评价，并鼓励他们根据自己的评估结果而采取相应的行动。具体来说，如果我们有能力（才能、教养和资源）迈向成功，如果我们期望通过花费精力而取得成功，如果我们认为此项任务至关重要，且值得我们花时间去做，那么，我们就要积极去完成。我们需要对所有这些因素逐一进行认知评价——尽管激励往往是潜意识的力量。

认知评价理论还有一个分支——社会比较理论。简单地说，如果我认为，我受到了公平的对待——例如，如果我的薪酬与做同样工种的同事的工资差不多——我就会积极工作。如果有人和我做着同样的工作，却拿着比我多的薪水，我就会失去工作积极性。

以上几种激励理论都不认可这样的真理——正能量是激活或增强任务绩效的关键因素。诚然，领导者和管理者必须保证满足员工的需求——例如，确保一个安全愉快的工作环境，保证提高团队活力，并提供挑战和成长的机会。他们必须确定可以检测业绩的计划、目标和标准。他们必须确保公平的报酬和合理的待遇。他们必须让员工看到自己的工作成果，并体验自身的价值。也就是说，他们必须管理好自我价值实现、目标设定和员工期望。

然而，正能量才是取得高绩效的更关键因素。虽然大多数领导艺术集中于领导力和影响力（有事实证明：善于影响他人的人具有更高效的执行力）；还有人坚持认为，攫取信息是领导者的一个关键特质（见多识广和学识渊博的人具有更高效的执行力）。有关研究已经证实，正能量在预测绩效方面的重要性是影响力或学识才能的4倍。正能量是组织成功的众多因素中的王牌。

“贝丽尔健康热线”是得克萨斯州的一个呼叫中心，它的利润比行业平均水平高出3~4倍，而且员工流失率非常低。其首席执行官保罗·施皮格尔曼认为，公司之所以如此成功，是因为他们在公司内部培养和加强正能量。他已任命公司里的某位高管为“快乐成长部女王”，她的工作就是组织家庭娱乐日和假日嘉年华，以及营造一个不断激励与互动的良性氛围。贝丽尔公司收获的回报是极高的客户忠诚度、快速增长的业绩和“最佳工作场所”美誉。

正能量助你实现非凡业绩

我和同事们针对4家大型公司进行了研究。我们的目的是评估这些组织中领导者的正能量。测试正能量的最好方式就是：要求个人评估自己与他人之间正能量互动的程度和效果。例如，当我与你互动时，我会预测自己的活力和振奋程度。值得注意的是，我并不是预测你是否是一个正能量者，相反，我会预测自己的感觉和反应。这是一个微妙但十分重要的区别。测试正能量属于个人评估范畴。我不知道你是否正在体验正能量，可我正在预测自己的正能量。因此，当我们预测人们的正能量时，希望他们在与别人互动的过程中正确预测自己的正能量。

我们在研究中发现，若要准确有效地测试正能量，就得做到以下五点。大家可以使用这些标准来评估自己组织中的正向领导力水平：

（1）当我与某人互动时，我会感到振奋。

（2）我与此人互动之后，我会更加积极地工作。

（3）当我与此人互动时，我感觉自己活力倍增。

（4）当我需要“激励”的时候，我会去找这个人。

（5）我与此人交流之后，我感觉自己工作毅力倍增。

这项研究的结果显示，当某人在工作场所接触到具备正能量的领导者时，他们明显比那些没有接触正能量领导者的人拥有更多的个人幸福感、工作满意度、组织参与度、工作绩效和家庭幸福指数。此外，这些人工作的组织和团队会拥有更优越的员工凝聚力、学习方向、实验研究和创造力表现、企业绩效。换句话说，事实证明，在工作中传递正能量的领导者，有着非常强大的影响力。

科尔、布鲁赫和沃格尔等专家的研究也得出了相同的结论。他们发现，正能量与5家不同企业的目标达成率、员工参与度、工作满意度和企业绩效密切相关。他们还通过研究证实，那些带给他人正能量的人，自己也会取得更加非凡的业绩。

此外，拥有正能量的人，适应能力更强，更有创意，更少患上身体疾病，更少遭遇事故，还能体验比别人更丰富的人际关系。总之，人们总是尽量避免和限制自己与非正能量者交流，总是希望与正能量者惺惺相惜。

正能量不是性格的产物

值得注意的是，拥有正能量，并不意味着，你就要做到性格外向、爱好社交、魅力超凡或得意扬扬。例如，人类的五大性格（包括外向和内向）和正能量之间的相关性很低，甚至并不怎么明显。那些主动开口说话的人，以及支配交流时间的人，或者所谓的交际花，也未必就可以做到带给他人正能量。相反，正能量主要与一系列可以学习和培养的互动行为有关。

下面列出的是管理人员在组织中描述的正能量者的特征。当然，这个列表并不完整，但请注意，我们可以培养这些特征。

正能量者	非正能量者
他们帮助其他人走向成功。	他们总是看到绊脚石和障碍物。
他们讲诚信，值得信赖。	他们总是制造麻烦。
他们很可靠。	他们不重视别人。
他们会使用丰富的语言。	他们的思维不灵活。

续表

正能量者	非正能量者
他们用心做事，并积极参与。	他们不关心别人。
他们真诚又真挚。	他们总是不能坚持到底。
他们懂得洞察机会。	他们喜欢自我吹嘘。
他们可以解决问题。	他们大多显得忧郁又庄严。
他们喜欢微笑。	他们肤浅，不可靠。
他们善于表达感激和谦虚之情。	他们经常吹毛求疵。

本章接下来不会单独分析这些特征，而是会概括讲解正能量的相关内容，旨在帮助大家在自己身上培养更多的正能量，以及在组织中广泛应用正能量。

培养你的正能量

因为正能量与人际能量之间的关系密切，所以，建立和培养强大的人际关系，是促进和维持正能量的关键。

重视他人的价值和贡献

强大的人际关系最容易建立在积极反馈之上，它不屑与批判性反馈为伍。积极领导者不是要指出别人的弱点和缺陷，而是要强调别人的优势、能力和贡献，并让组织中的其他人也做到这样。这并不是说，让你不真诚或无视缺陷，而是你要重视他人身上具备的独特专长。

活动案例：重视他人的贡献

这项活动提供了这样的机会：认清团队中成员的个人优势和贡献，帮助个人在组织中释放潜在的正能量。

1. 搜集反馈意见

如果组织或团队中有N个成员，给每个成员发N－1张空白卡片或纸片，让他们在每张卡片上填写一个同事的名字，记得不要填写自己的名字。例如，如果团队中有10个成员，则每个成员可以收到9张卡片——因为一张卡片对应着一个名字，而自己的名字则不需要写上。面对眼前的一大堆卡片，每个人都要在每张卡片上写上别人的名字。（你可以在每张卡片的底部写上反馈人的姓名，也可以不写。）

每张卡片都有一面写上了某个人的姓名，你可以为这个人写下诸如此类的话：下面是你对我们团队的特殊贡献，是你展示出的独特实力和能力，也有我根据你和你的贡献做出的评价。

在卡片的背面，为同一个人写下诸如此类的话：如果我们想要变得非凡卓越，超越我们的期望，成就卓越的组织，并在工作中发挥积极的导向作用，这就是我们需要从你那里得到的东西。这就是你可以提供给我们的正能量。这就是你可以做出的贡献。

2. 分发卡片给大家

当大家写完反馈意见之后，请把这些卡片分发给那个卡上有其名字的人。在10人团队中，每个人应该有9张卡片。请阅读写有你姓名的卡片，看看卡片上写的是什么主题，以及该主题覆盖的反馈要点，并写下你自己的解释和回应。

3. 解释和总结

写一段文字，总结一下你对卡片正面的反馈意见的解释。你需要解决下列问题：别人特别重视我的领导能力吗？我用什么方法做出了重要而独特的贡献？我可以用什么方法提升自己的价值？别人最羡慕我什么？我的独特优势是什么？

再写一段文字，总结一下你对卡片反面的反馈意见的解释。这段文字应该包括你认为别人对你提高业绩的期望是什么。以及我可以用什么方法给团队增加正能量？如果我们希望挖掘自己的最大潜力，并取得巨大的成功，这就是我需要做的事。这就是我做出更大贡献的方法。这就是我充分利用自身优势的方法。

4. 当众宣誓承诺

请阅读已经写给团队中其他成员的文字段落。请着重宣誓你自己的承诺——提高自身价值，培养正能量，迈向成功。特别强调的是，你要确定如何维护后续工作的责任制度。可以请求该团队中的其他成员来帮助你履行自己的承诺。

爱的冥想： 让阳光照进心灵

提高个人正能量的第二种方法就是开启冥想模式。现在，你可能会认为冥想是一个很前卫的词汇，它是绕开科学原理的正向领导力。可是，值得注意的是，最近有一项研究检验了冥想的影响力，特别是爱的冥想，对正能量、正面情绪、积极关系会产生巨大的影响。例如，神经科学家发现，大脑确实会因为我们的思考和体验而发生变化（这个现象被称为“神经可塑性”）。在某项研究中，弗雷德里克森和同事们进行了一项对照实验：其中一组人花了6个星期的时间进行爱的冥想——旨在帮助人们对自己和他人产生更多的温馨与柔情；而另一组人则没有进行冥想训练。

爱的冥想是一种发展势头良好的冥想，侧重于自我产生的爱情、同情以及对自己和他人的好感。本质上，人们会思量身边亲近之人的积极感受，然后再把这些感受扩散到不太亲近之人那里。类似的训练还包括：每天写“感恩日记”；为自己祈祷；探索精神世界，得到启迪。这些训练基本上会使人们处于一种良性状态。如此一来，他们就会循环往复地代表人类的最佳状态。

弗雷德里克森的研究成果真是令人信服。在脑功能、迷走神经张力（心脏和身体相连的强度，二者相连可以控制心血管和免疫反应）和社会能量方面存在着显著的差异。此外，其他研究表明，定期冥想可以减少与压力相关的皮质醇、失眠症、自身免疫性疾病、月经前综合征、哮喘、抑郁症复发、频繁的情感折磨、焦虑和恐慌。冥想有利于控制 2 型糖尿病患者的血糖，促使他们脱离负面反应，提高自我认识，促进整体健康。此外，还有研究发现，冥想可以预防各种感染和慢性病症（例如高血压、肥胖症、癌症和心脏病）。

定期冥想与大脑灰质区域的增加相关，大脑灰质掌控着学习、记忆、情绪调节、自我意识加工和换位思考等环节。换句话说，冥想简直改变了大脑的生理结构。比如，自我意识、同情心都得到了优化，以及衰老导致的皮质萎缩得到好转。

在一次重要的探索中，研究人员发现，在爱的冥想、积极的社会关系、迷走神经张力和正能量之间，存在着一种强大的互动关系。当人们进行爱的冥想时，即使在短时间内，也会增强正能量。事实证明，每天只花 7 分钟进行爱的冥想，一连坚持好几个星期，就可以促进社会关系和人际能量。

活动案例：爱的冥想

请大家每天花点时间（少则3分钟，多则30分钟）进行爱的冥想。

简而言之，爱的冥想要求你进入放松和安静状态，然后专注于爱和温馨的感觉，并积极关注你最亲近的人，比如家人。最后，你将这些感觉延伸到那些你不太接近的人，例如朋友和熟人。

或者，你可以每天写“感恩日记”，记录每天你最感激的事情或发生在你身上的好事。你也可以花时间思考你最亲近的人，回忆你喜爱和崇拜的东西，他人赠给你的礼物，以及他们带给你快乐的方式。你还可以为自己祈祷，在这里，你承认并感谢上帝赋予你的祝福、优势、才干和机会。这些类似的活动已经在对照实验中得以展现，还产生了非常积极的效果。记住，你一定要始终如一地坚持下去。

把工作当作一种娱乐

在欧洲的各种实验中，研究人员找到了让日常娱乐活动显著改善人类行为和能量的方法。打开网址 www.thefuntheory.com，你就可以看到其中几个实验的形象描述。例如，如果实验者让楼梯看起来像钢琴键盘一样，每走一步，就会发出一个动听的声音。那么，走楼梯的人会比乘坐附近自动扶梯的人多66%。人们回收玻璃瓶之后，有 100 多人把瓶子存放在会叫的容器中，只有 2 人会使用附近的普通容器——你听，会叫的容器发出了电子游戏般的美妙声音。人们回收垃圾之后，把垃圾堆积在可以发出隆隆声的垃圾桶里的人，是使用附近普通垃圾桶的人数的 2.5 倍——你听，会叫的垃圾桶发出了高空抛物般的轰隆声音。实验者们证明，让日常活动变得有趣，可以提供积极经验，产生正能量，并改善行为习惯。

正能量和娱乐息息相关。参与有趣或新奇的活动，不仅可以打破常规和无聊状态，还能够培养和增加正能量——当娱乐和人际关系相关时，那会更加奏效。

你可能听说过这样一句老生常谈的话："人们宁愿花钱去参加娱乐活动，也不愿意花时间去干活挣钱。"请你想一想，11 月中旬当第一场大雪装点滑雪胜地的时候，犹他州和科罗拉多州发生了哪些事情。旷工和旷课率在飙升。人们牺牲一天的薪水，脚踏 400 美元的雪橇，身穿 300 美元的靴子和 250 美元的滑雪装，加上 80 美元的汽油，驾驶到最近的滑雪胜地，买张 115 美元的滑雪票，吃一个 35 美元的热狗当午饭，一天玩下来，他们会筋疲力尽——宁愿花钱去参加娱乐活动，也不愿意花时间去干活挣钱。

现在的问题是：为什么？为什么人们愿意花钱买罪受，宁愿忍受不舒适的环境条件，让自己的身体处于危险境地，而不愿意接受等价薪水的工作呢？答案很明显：因为娱乐活动妙趣横生，而工作枯燥无味。

然而，不只是娱乐让生活充满乐趣，有些工作也可以做到以下几点：

目标明确，充满正能量：娱乐总是与目标有关，比如，比赛中获胜，射击中得高分或低分，发挥个人最好水平，提高业绩。朝着积极的目标努力，是很有趣的事情。相比之下，简单规避损失的目标，不具备正能量；只是为了活动而活动的活动，很难坚持下去。积极的目标可以让你的活动妙不可言。

记分客观，自填问卷：在娱乐方面，我们总是喜欢记分。如果不记分，我们很快就失去兴趣。即使在操场上，大多数无组织的活动，最终还是演变成记分比赛。在体育比赛中，当记分牌不再派上用场，或运动员跟不上领先者的时候，通常会结束比赛。

随时准备接收反馈：几乎在所有娱乐中的任何特定时刻，我们都知道自己应该做什么。这就是为什么有组织的竞技要当着粉丝的面进行。粉丝们的反馈让比赛更加有趣。

个人拥有自由选择权：在娱乐方面，我们有机会随意更改自己的行为。我们不受无法修改的特定例程或过程的限制。当我们做有趣的事情时，有权利去改变自己的行为，这是充满正能量的做法。

规则既标准又稳定：在娱乐方面，规则总是很清晰。越界就是越界。一个目标就是一个目标。困难未必会失败，努力未必会成功。在棒球比赛中，一次成功的接球，无论过程有多漂亮，也只能得一分。

竞争就在眼前：竞争主题可以是与你自己的过去做纵向比较，也可以是与别人做横向比较，但是，我们接受标准规则的检验，这样才会更快乐。如果你是一个成年人，让你跟三年级的学生打球，你很快就会失去乐趣，因为这不具挑战性或竞争性。

促进社交互动：保龄球联赛越来越受欢迎，可是保龄球本身并不有趣。人们喜欢四人一组打高尔夫球，因为一个人打球不是很有意思。大多数娱乐和消遣活动与社交互动机会息息相关。

活动案例：娱乐性工作

这里有十几个有关体验乐趣和启用正能量的建议。选择吸引你的一两场活动（你也可以自己提建议），并承诺本周会亲自参与或代表你的组织参与进来。

- 玩一种游戏，任何游戏都行。
- 重新设计你的工作，使其具备一定的娱乐性。
- 花时间陪孩子。
- 在没有高楼大厦的大自然中度过一段时间。
- 唱歌。
- 赞助一场社交活动,只邀请几个人参加(午餐聚会也行)。
- 和别人一起开怀大笑。
- 至少做一次全身运动。
- 学习一样新东西。
- 向新认识的人写一封感谢信。
- 送某人礼物，给某人惊喜。

绘制正能量网状图

关于正能量的一个关键问题就是如何测试正能量。你如何知道你的组织中谁拥有正能量，你如何培养和提升正能量？解决这个问题的方法之一就是绘制正能量网状图。

我们大多数人都熟悉网状图——例如，我们在航空公司杂志背面或公共汽车、地铁站看到的路线图。它们展示的是城市或车站之间的联系，其中一些城市或车站在网状图的中心或中枢位置，还有一些城市或车站在网状图的外围。我们在展示正能量的时候，也可以绘制类似的网状图。图中标出的节点不是城市或车站，而是代表人物，人们之间的连线代表他们之间的关系。正能量网状图有助于辨认哪些人在网状图中心，哪些人在网状图周边。本次调查明确指出：正能量者们——或网状图中心的人物——不仅可以提高自己的业绩，还可以帮助他人提高绩效。

绘制正能量网状图的时候，有三种方法可供选择：使用统计软件绘图、绘制气泡图、进行正能量意向调查。

使用统计软件绘图

创建正能量网状图的最严格和最复杂的方法就是使用统计软件。社会网络分析软体（简称 UCINET）是一款用于构建网状图的软件应用程序，可以从网站下载，也很容易理解和应用。（www. analytictech. com）

若要使用该软件，请向组织（或团队）中的每个人提供一份组织（或团队）成员列表。要求每个人使用“七分制”来评估自己与列表中其他人的正能量互动水平。

当我与 XX 相处时，我会怎样呢？

1 ＝ 我非常负能量

2 ＝ 我适度负能量

3 ＝ 我略微负能量

4 ＝ 我既没有正能量也没有负能量

5 ＝ 我略微正能量

6 ＝ 我适度正能量

7 ＝ 我非常正能量

UCINET 软件记录下了每个人名以及与之相关的数字，得出了如下的分析图（如图 9 所示）。这个特定的网状图仅仅包括那些获得 6 ~7 分的人名——换句话说，他们就是拥有正能量的人。

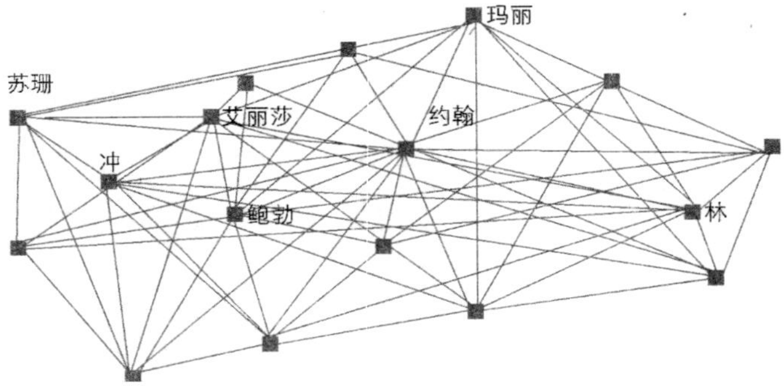

图9 正能量网状图

这些连线显示，组织中成员之间互动的时候，有多少人接受了正能量。连线越多，这个人在正能量图中越靠近中心位置。最棒的正能量者位于网状图的正中央。（当然也可以画一幅图，表明那些只获得1～2分的人。他们是非正能量者，总是喜欢依赖其他同事。）

UCINET软件还可以显示"能量密度"，也就是能量连线的密度比例。在所有的连线中，有多少条是实际存在的？正能量连线的密度越大，组织就越高效。（相比之下，负能量连线的密度越大，组织就越低效。）

保德信金融公司的故事就表明了正能量网状图的一大用途，这家公司创建了员工"改革小组"，帮助他们传播信息和进行与主流文化变革计划相关的培训。改革小组成员的选择是基于他们在正能量网状图中的位置。公司要为改革小组选择最棒的正能量者。正如所料，较之普通的改革小组，充满正能量的团队可以让文化变革的实施更加快速和高效。

活动案例：绘制网状图

首先，打开网址 www.analytictech.com，下载 UCINET 软件；也可以在线使用该软件。然后，向组织（或团队）的每个成员分发所有成员姓名的列表。（也许人数很多，也许人数很少，因为网状图可以由数百人构成。你需要选定自己最感兴趣的组织或团队。）

让组织中的每个成员都回答下列问题：

当我开始接近下列状态时，我会怎样呢？

1 = 我非常负能量

2 = 我适度负能量

3 = 我略微负能量

4 = 我既没有正能量也没有负能量

5 = 我略微正能量

6 = 我适度正能量

7 = 我非常正能量

接着，将数据输入软件，创建一幅正能量网状图。然后回答以下问题，帮你解读此图：

- 谁是组织中最具正能量的人？
- 什么是网状图的能量密度？如何增强该密度？
- 我们当中最具正能量者的关键个性特征是什么？
- 我们应该对那些表现出高度正能量的人给予什么奖励或认可？
- 我们应该创造什么样的指导关系来充分利用正能量？
- 我们应该构建什么样的团队来广泛利用正能量？
- 我们可以进行什么样的活动，在组织中培养更多的正能量？
- 领导力培训和发展对组织的影响是什么？
- 这种网状图如何影响后续规划呢？

在使用网状图提供反馈的时候，注意不要在图中的节点上附加名字，以免导致意料之中的情绪混乱或尴尬场面。使用此图的目的只是让人们了解组织如何运作，然后使用这些数据去跟踪那些需要培养正能量的人，以及那些能够在组织或集体中更好地发挥正能量的人。同时，也可以让网状图中心的人们组成充满正能量的团队。

绘制气泡图

还有一种办法，不使用统计软件包就可以测试正能量：只需请求组织成员写下自己心目中的3个最具正能量的人的姓名（也可以是其他数量的人名，只要你认为数量合适就行）。然后根据每个人的提名次数来画出相对大小的气泡。这将帮助你快速辨认出组织中的正能量者们。

当然，这种办法的缺点是，你无法看到整个网状图、正能量密度、负能量人群或“黑洞区”。这只是辨认组织中正能量者的一个简单快捷的方法。例如，图10表示你的团队中的正能量分配与大小。你要仔细考虑如何辨认和奖励这些正能量人群，在正能量者和非正能量者之间建立指导关系，团结正能量人群，建立优秀团队来增加气泡的大小，等等。显然，如果你知道团队中哪些人拥有正能量，你就会占据优势地位。

团队成员的提名次数	
约翰	12
玛丽	2
苏珊	1
林	7
冲	4
鲍勃	6
艾丽莎	7

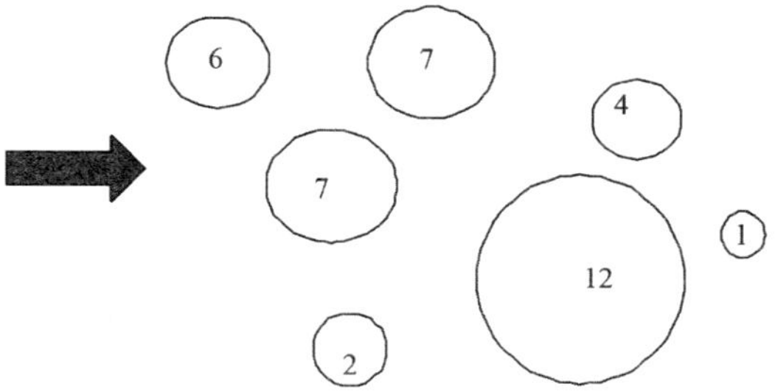

图10　正能量气泡图

活动案例：绘制气泡图

首先，请你的组织或团队成员写下他们心目中的3个最具正能量的人的姓名。其次，记录下每个成员的提名次数。然后，根据每个人的提名次数来画出相应大小的气泡。这些气泡的相对大小提供了最重要的数据，因此这是我们唯一的参考对象。

绘制气泡图之后，请思考下列问题：

- 有多少成员没有得到任何提名或被漏掉了？如何帮助他们？
- 团队中的等级水平与正能量之间的关系是什么？（在某些团队中，一些初级职员可以带来正能量，而一些高级职员却处于外围，或者说，几乎没有正能量。）
- 你有没有仔细研究正能量网状图，并充分发挥自己的正能量呢？

在使用气泡图提供反馈信息时，注意不要将名字附加到气泡上，以免导致情绪混乱或尴尬场面。使用此图的目的只是让人们了解组织如何运作，然后使用这些数据去跟踪那些需要培养正能量的人，以及那些能够在组织或集体中更好地发挥正能量的人。

正能量意向调查

第三种测试组织中正能量的方法就是：每周进行一次“正能量意向调查”，询问员工“如果采用‘十分制’，你今天的正能量可以得多少分?”。然后，制成曲线图，标出每个团队正能量的平均值。某位总裁每周进行一次正能量意向调查，并对正能量减少或曲线下降的团队进行干预或提供帮助。

活动案例：正能量意向调查

使用图 11 中的曲线图，测量一段时间内的团队成员的正能量水平。画出一条平均值曲线，如果发现某处的上升或下降幅度较为明显，就要注意该时间段内发生的事件或事变。这将帮助你解决影响组织正能量水平的因素，认清组织中正能量的来源，分辨正能量者和负能量者。

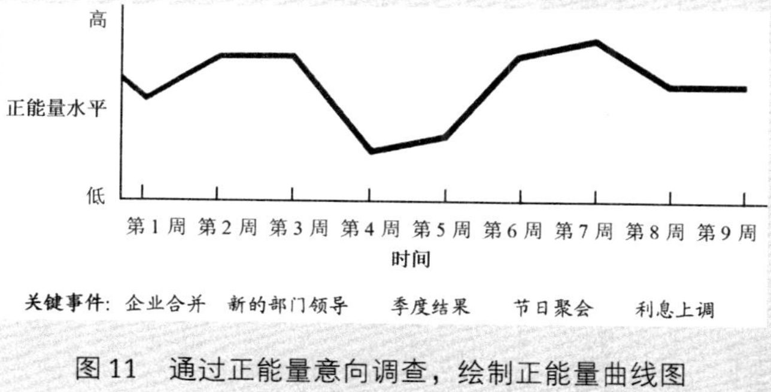

图 11　通过正能量意向调查，绘制正能量曲线图

现在，大家已经意识到了正能量的重要性。接下来，你们应该确定自己在组织中培育和传递正能量的核心理念。记住，积极的人际能量是繁荣的人际关系的重要产物之一，它不同于与纯粹的激励、奖励或赞誉。正能量可以教也可以学。高效的积极领导者总是善于辨认、奖励和培养正能量人群。

本章总结

在组织中，大多数人都可以理解正能量的概念。可是，几乎不曾有人下意识地运用正能量。其中一个原因就是：我们真的不知道如何定义或测试正能量，直到最近才明白一二。科学研究明确表示：正能量者的绩效明显高于普通成员。在很大程度上，正能量是个人业绩和组织绩效的主导因素——较之人们的头衔、掌握的信息、施加的影响或人格特征。我在自己的工作中发现，正能量显然是一种未被充分利用的资源。提高绩效的最佳方法之一，就是在组织中辨认正能量，并探寻正能量的主要来源。

在我们密歇根大学的学术部门，正能量非常重要，已然成为我们用于招聘新教员和认可博士生的关键标准之一。若是立志成为我校的一分子，就必须成为地地道道的正能量者——为我们学校增加正能量，而非消耗正能量。20 年来，我们一直沿用这一标准，它产生了无与伦比的高绩效，激励着一代又一代接班人。

我再强调一次：积极的人际能量是繁荣的人际关系的重要产物之一，它不同于纯粹的激励、奖励或赞誉。正能量可以教也可以学。高效的积极领导者总是善于辨认、奖励和培养正能量人群。

第四章

如何积极传递消极意见

正如我在第一章中所述，正向领导力并不等于“时刻微笑、甜蜜互动和永远乐呵呵”。相反，领导力具有现实性，有时候，你们必须传递消极信息和难听言辞，或者针对他人表现，提出批评意见，甚至还要处理棘手问题和巨大难题。本章旨在介绍一系列方法和实践，帮助积极领导者在面临传递纠错性反馈或反对意见的时候，也要学会建立和加强人际关系。本章的核心问题就是讨论如何进行支持性沟通——在不引起他人防备心理、不挫伤别人的自尊心，或不歪曲相反观点的前提下，对他人进行批评的实践。

培养良好的人际关系

正如第三章所述，积极的人际关系不是偶然发生的，而是建立在积极的实践之上。此外，大量的研究也验证了这样的观点——积极的人际关系是在个人和组织中创造卓越绩效的关键因素。积极的人际关系可以创造充沛的能量和旺盛的生命力，从而对个人产生深刻的影响，比如改善健康和延长寿命。例如，处于积极关系中的人们，与那些置身于消极关系中的人相比，癌症和心脏病的患病概率更小，手术后的恢复速度翻倍，感染小病的可能性更小，缓解紧张情绪的效果更好，遭遇事故的概率更小，预期寿命更长。

组织的绩效也因为员工之间存在积极的关系而得到加强，这种现象并不奇怪。积极的关系促进了人们之间的合作，从而将阻碍成功和高效的因素最小化。这些阻碍因素就是——冲突、分歧、混乱、含糊、愤怒、无效竞争和个人攻击等。当积极关系成为劳动力的一大特征时，员工们就会更加忠诚和致力于自己的工作和组织的利益。信息交流、对话和知识传递也得到了显著增强。创造力和创新能力以及应运而生的各种能力也大大提高。

消极沟通的消极作用

既然积极的人际关系如此重要性，那么，为何人际关系中存在如此多的问题呢？当然，人格或风格的差异可能会造成某些混乱和不安，但主要原因不在于此。当存在分歧、问题或需要提供消极信息或纠错性反馈时，保持积极强大的人际关系便成为难事。正向领导力实践可以帮助大家在这种情况下加强人际关系，而不是让局势恶化或导致冲突。

当人们不遵守支持性沟通原则时，就会出现人际关系的两大主要障碍——防备心理和矛盾心理。如果沟通完毕，一个人感觉自己受到了威胁或攻击，那就会产生防备心理。于是，那个人会更加重视自我保护，而不是耐心倾听。挑衅、愤怒、好胜或回避是常见的防备心理反应。当大家感觉自己受到了惩罚或没有得到充分认可的时候，防备心理就会在组织内部普遍存在。

当人们因为沟通而感到失落、徒劳无功或人微言轻时，就会产生矛盾心理。他们认为自己作为一个人的价值或作为贡献者的能力，受到了质疑或削弱。因此，他们更注重自身的发展，而非倾听他人的要言。有时，人们会表现出自高自大或自我炫耀行为，甚至会夸大自负感。有时，面对传递消极信息的人，他们还会失去激情、丧失尊重，甚至避之不及。

当一切进展顺利，人们正在做你喜欢的事情时，进行支持性沟通就不再是难事——勇敢去表达信任、真诚和鼓励吧。但是，当你必须纠正别人的行为、传递消极反馈或指出某人的缺点时，建立和加强人际关系便成了难上加难的事情。为了避免冒犯他人，大多数人会选择低调处理消极信息。他们会尝试着进行心理暗示，而不直接说出问题；或者寻找一种巧妙的沟通手段，而不是进行真诚、诚实和坦率的沟通。麻烦的是，尽管他们要尽手腕，间接提示或低调处理，结果却是：问题很少得到解决，关系很少得到加强。请坦率地解决消极问题吧，因为加强积极关系是支持性沟通的宗旨和目标。

支持性沟通的特征

当人们之间表现出积极沟通而非消极沟通时，人际关系之花就会盛开。许多研究表明，在所有类型的人际关系中，积极关系与消极关系的理想比例是3：1，最好是5：1。当肯定句和否定句的比例接近5：1的时候，婚姻就会更牢固，团队就会更有战斗力，组织绩效就会更卓越。

当然，这并不是说，人际关系拒绝任何否定句。任何良好的关系中都存在着消极元素。但是，如果你不真诚、不诚实，还常常阿谀奉承，那就有百害而无一利。积极、消极关系的理想比例不是5：0。任何良好的关系中都存在着一些消极互动。你的问题就是：如何处理“5：1”中的“1”，从而加强人际关系呢？我们将在本章中讨论支持性沟通的特征，这不仅有助于确保准确而直率地传递消息，还可以支持甚至增强双方之间的关系。即便你传达的是消极信息，对方也能感到自己受到了尊重、激励和赏识。

还要注意的是，支持性沟通的目标不仅仅是被他人喜欢或让他人感觉你是一个好人。更确切地说，积极的人际关系在组织中具有实用性和使用价值。因此，支持性沟通不仅是“好人专用技巧”，而且是组织和员工提高竞争优势的有效方法。

沟通内容：一致性，而非自相矛盾

大多数研究人员和观察者认为，最好的人际沟通和人际关系，都是以一致性为基础的。也就是说，口头表达和书面传达的内容，与个人的想法和感觉完全匹配！“一致性”只是意味着完全的诚实。也就是说，你想说什么就说什么。请你真实、真诚、坦率和准确地表达自己的意思。

追求真实、诚实和光明正大，并不意味着你要隐藏失败，甚至胡吹乱嗙；也不是说你不用压制某些不当情绪（例如，频繁愤怒、失望或秘密挑衅）。实现一致性如果以牺牲其他利益为代价，那就不具备生产力。可是，你要如何坦率又恰当地沟通，而不引起防备心理或前后矛盾呢？当你感觉自己没有冒犯他人的时候，你该怎么说呢？这是支持性沟通的另外三个特征在发挥作用。

沟通方式：描述性语言，而非评价性语言

支持性沟通的最重要特征之一，就是用描述性语言而不是

评价性语言来传递消息。

评价就是对其他个人或行为做出判断或做出归类：

“你做错了。”

“这是你的错。”

“你并不称职。”

这些评价通常使人感到自己被攻击或否定了，因此他们可能会产生防备心理，比如：

“我没有错。”

“这不是我的错。”

“我比你能干。”

最终结果可能是争吵辩论、不良情绪和关系恶化。自我防御、武断结论和控诉言辞可能会随之而来。

当这个问题带有感情色彩时，评价他人的倾向就会变得最为强烈。有时，人们试图在他人身上乱贴标签，从而缓和自己的不良情绪或焦虑心情。“你愚蠢”暗示“因此，我很聪明”。或者他们可能会有这样的强烈感觉——他们因为某人违反了自己的期望或标准而想要惩罚对方：“你做的事情真够缺德的，你会遭报应的。”然而，在大多数情况下，一场沟通变成了评头论足，只是因为人们不知道，如何在不武断定论的前提下做到前后一致。

相比之下，描述性语言可以取代评价性语言。描述性沟通就是一个人说话要做到前后一致，而且真诚待人，对他人有帮助。这种类型的沟通需要如下三大步骤：

（1）客观地描述事件、行为或情况。

（2）描述事情的结果或你的感受，而不是他人的品性。

（3）建议使用可以解决问题的替代方案。

第一，请客观地描述你目睹的事件或你认为需要修正的行为。尽可能心平气和地谈论发生的事件，而不是针对事件中的人说三道四：

“你已经是第二次打断我了。”

“你的任务没有按时完成。”

如果可能，这样的描述应该可以区分出客观一致的行为元素。请将某人的行为与公认的标准进行对比，而不是与个人意见或偏好做比较。不要自以为是地谈论对方的动机是什么。如此一来，对方就不会感觉自己遭到攻击或不公平待遇，因为你没有在他们身上乱贴评价性的标签。描述性的话语要尽可能地做到客观和经得起验证。

第二，请描述你（或其他人）对行为的反应，或者描述

行为的后果。不要将问题的原因影射到另一个人身上。这需要你明白自己心中的反应，并进行相应的描述：

“当我无法实现自己的想法时，就会感到沮丧。”

“我担心团队业绩会受到什么影响。”

或者可以指出行为的后果：

“问题没有得到澄清。”

“部门成员抱怨纷纷。”

善于描述感情或后果，可以减少对方的防备心理，因为问题局限于你的感觉或客观后果，而不是他人的品性。如果这些感觉或后果不是以指责的方式加以描述，那么，沟通者的主要精力就会集中在解决问题上，而不是防备批评上。

第三，提出一个更容易接受的替代方案。这里要集中讨论替代方案，而不是评价个人。这样就可以避免指责性语言，也有助于他人保住颜面。因为个人行为与自我评价得到了区分，所以人们不会感觉自己遭到了批评。

“如果你让我把话讲完，我也会承诺给你时间去陈述你自己的观点。”

“如果我在截止日期的前几天提醒你一下，会发生什么呢？”

这样的讨论会保住对方的自尊，因为它关注的是可控事件，以及双方达成的共识。当然，请不要把责任全部推给另一方：

“我不喜欢事物原来的样子。你要做哪些改变呢?”

交流双方应该各负其责，不要将这种改变归咎于其中一方的责任。相反，问题的重点应该是找到双方都能接受的解决方案，而不是武断地决定谁对谁错，或者谁应该改变和谁不需要改变。

下面总结一下描述性沟通的三大步骤：

（1）“这是我刚刚经历的事情。”

（2）“这是我对它的感觉，或者说，这就是后果。”

（3）“这是一个更容易接受的替代方案。”

关于描述性沟通的一个重点话题就是：如果不是双方一起遵守支持性沟通的原则，以上步骤可能无法奏效。因为，不想配合的那一方可能会破坏积极的结果。也许那个人只是这样回答：

“我不在乎你的感觉。”

“对于发生的事情，我有自己的苦衷，所以这不是我的错。”

“如果这事让你烦恼，那就太差劲了。这是你的问题。”

你如何处理这些回答呢？你会放弃描述性沟通的原则，改为评价和防备吗？你会这样回击吗——“是的，你说得对”“不，我没有”……如此循环往复下去。你只会贬低对方，说人家不可救药吗？

以上方法并不是要放弃描述性沟通的三大步骤。更确切地说，它是要优先强调这样的问题——对方缺乏关注或产生防备心理。例如，人们很难解决频繁打岔的问题，这样会阻碍更重要的人际关系发展。实际上，焦点从频繁打岔转向了抑制大家一起工作和提高业绩的说话态度或根本障碍。有效的支持性沟通者不会放弃以上三大步骤。他们只是切换焦点而已。他们可能会这样回应：

“我很惊讶听到你说，你不在乎我对这个问题的感受（第一步）。”

“我很关注你的回答，我认为这可能对我们团队的生产力产生极大影响（第二步）。”

“我建议，我们花一些时间来找到你心中的阻碍因素——也许会抑制我们一起努力解决这个问题的能力（第三步）。”

当你必须做出评价性陈述时，你应该根据一些既定标准进行评价（例如，“您的行为不符合规定的标准”）；或者根据一些可能的结果进行评说（例如，“如果你继续这样做，就会导致更糟糕的后果”）；或者针对同一个人过去取得的成功进行评论（例如，“你现在的所作所为不能与你过去的功绩相提并论”）。重要的一点就是：你不要激起对方驳斥的冲动，或引起他的防备心理。

沟通对象：针对问题，而非针对个人

针对问题的沟通侧重于问题和解决方案，而不是个人品质：“这就是需要解决的问题。”相比之下，针对个人的沟通则侧重于个人的品质，而不是事件本身：“问题就在于你。”针对问题的沟通很有用，即便需要个人评价也无妨，因为它专注于行为、事件和标准。另一方面，针对个人的沟通往往侧重于很少可以改变或控制的事情，它可能发出这样的信息——某个人做得远远不够好。这里有一个良好的经验法则——在提供反馈时，不要使用“你”这个词。相反，你要瞄准行为、事件、后果和未达到的标准。

在建立积极有益的人际关系方面，针对问题的沟通应该总是与通用标准或期望息息相关，而不涉及个人意见。针对个人的沟通倾向则更容易引起对方的防备心理，反而无法做到与通用的绩效标准相媲美。

沟通宗旨：认可他人，而非否定他人

先谈谈无效沟通，它会对自我评价、身份特征和人际关系产生负面情绪。它否认另一个人的存在、唯一性或重要性。这种沟通方式极具破坏性，因为它传递的是优越、刻板、冷漠和无动于衷的态度，最终结果就是否定他人。

作为沟通者，如果你总是表达自己的优越感，那就会给人这样的印象：你可以通晓他人不知的东西，你可以弥补他人不足的地方，你可以胜任他人不能胜任的职位，你可以完成他人无法完成的任务。如果对方感觉你的观点很绝对、很明确或无可挑剔的时候，那就形成了刻板型沟通：你可能会认为，其他观点和看法都不合理。当你不认可对方存在的重要性时，那就形成了冷漠型沟通：拒绝对他人的言辞做出回应，避免眼神接触，频繁打断对方的讲话，使用没有人情味的词语（“人们认为……”而不是“我认为……”），或在谈话期间参与无关的活动。无动于衷型沟通，指的是沟通者驳斥或诋毁他人的感觉或意见，还给对方乱贴标签。比如，说他不合理（“你不应该那样想”“你的意见不正确”）；或者，说他无知（“你不明白”“你被误导了”“你的意见太幼稚”）。所有这些做法都否定了对方在谈话或人际关系中所做的贡献，并使对方感觉自己不被重视和无关紧要。

再说说有效沟通，它有助于人们感觉自己被认可、被理解、被接受和被重视。这种沟通有四大特征：尊重他人，灵活沟通，双向沟通，双方达成共识。

尊重型的沟通者可以传达平等主义立场，帮助他人感觉自己可以合理地查明问题和解决问题。他们认为对方有价值、有能力、有见地，他们强调双方共同解决问题，而不是突出自己的优越感。他们只是喜欢提出问题，寻求对方的意见、建议和想法，从而达到良性沟通。有关研究证实，提出问题更可能促进有效的人际关系，而不是宣扬或鼓吹某个观点。

灵活沟通指的是某人愿意承认对方可能拥有额外的资源，或者对问题答案和人际关系做出重要贡献的替代方案。它可以暗示某人尊重对方的观点。它是教条主义和不愿倾听的反义词。

双向沟通是尊重彼此和灵活谈话的隐含结果。当你向对方提问，给他时间去表达自己的观点，并鼓励他积极参与人际互动的时候，他就会感觉自己得到了认可。双向互动交流可以传达这样的信息——你真的很喜欢对方的观点，他感觉自己受到了重视。这是建立协作和团队合作的先决条件。增强双向沟通的一个经验法则是：一个人一次说话不要超过三四句，要给另一个人接话的机会。

当沟通者努力弄清楚如何达成共识或共同承诺时，就形成了有效沟通。几乎所有的谈判、团队建设和冲突解决模式都规定了双方可以达成一致意见的方式。达成共识可以促进发展。因此，沟通者应该铭记这个问题——“我们要对什么达成共识?”，还要在互动过程中定期提醒这个共同的约定。

当然，人们并不总是可以做到积极沟通，良好的人际关系和组织面临着众多的考验、挑战和消极事件。上述的支持性沟通原则可以帮你把这些负面事物转变成加强人际关系的互动交流。

总结语：支持性沟通的八大关键词

一致性：真诚、诚实、坦率、如实地传达信息。

描述性语言：客观地描述事件、反响或后果，并提出替代方案。

问题焦点：专注于问题，而非个人缺点。

尊重他人：表明对他人观点的尊重。

勇于提问：你想表达什么，就询问什么。记得先提问。

达成共识：确定并重申双方都认可的领域。

善用积极词汇：针对每个否定句，使用 3 ~5 个肯定句来回应。

双向沟通：说完三四句话之后，就得给对方说话的机会。

人们需要练习双向沟通模式，从而成功地进行支持性沟通。知道如何进行支持性沟通，不是人们天生的本领或个性特征。更确切地说，这是积极领导者可以培养的技能。以下 3 个案例旨在帮你练习和提高支持性沟通的使用技巧。

活动案例：对话双方互相打分

找到一位同事，与他进行 10～15 分钟的对话。对于下列任何主题（或你自己选择的主题），两人有着不同的看法。

- 美国是否应该在国界之外进行国家建设？
- 晚期堕胎是否可行？
- 全球变暖主要是因为受到人类行为的影响吗？
- 美国应该为非法移民提供免费的公共教育和保健制度吗？
- 杂志上对学校和大学进行排名，此做法有益还是有害？
- 研究生学位值钱吗？
- 谁是世界上最危险的人？
- 联合国是否应该存在？

针对这些问题，请说出自己的立场，并为你的观点提出充分的理由。你的工作就是说服这位同事认可你的观点。对方的工作就是说服你去认可相反的观点。

当你们完成这场辩论之后，请统计一下你的同事在以下项目中的分数，也让对方给你统计一下分数。请使用以下打分标准：1＝坚决不同意；2＝不同意；3＝保持中立态度；4＝同意；5＝非常同意。

1. 保持眼神接触，并表示对我的意见感兴趣。

1 2 3 4 5 不选

2. 勇于探问（提问题），想宣扬（表达）什么就问什么。

1 2 3 4 5 不选

3. 我在讲完话之前，请不要打断我。

1 2 3 4 5 不选

4. 说话真诚，前后一致，直截了当。

1 2 3 4 5 不选

5. 使用描述性语句，而非评价性语句。

1 2 3 4 5 不选

6. 交流中尊重彼此的对立观点。

1 2 3 4 5 不选

7. 定期确定达成共识的领域。

1 2 3 4 5 不选

8. 针对每个否定句，使用3 ~5 个肯定句来回应。

1 2 3 4 5 不选

9. 关注的焦点是问题本身，而不是个人品质。

1 2 3 4 5 不选

10. 说完三四句话之后，让对方发言。

1 2 3 4 5 不选

根据你的同事在问卷上给你打的分数，你觉得自己在哪些领域需要大大改进？

活动案例：争取发言权

这个练习旨在帮你练习用心聆听和表达尊重他人观点的能力。

从上述练习（或你自己选择的其他主题）的列表中选择一个讨论话题，与拥有相反观点的人进行对话。你们可以抛硬币来确定谁先说话。为了让先说话的人高兴，也为了自己争取到发言权，后说话的人必须重复先说话的人刚刚说过的信息。这并不是说，后者要一个字一个字地重复前者的话语。更确切地说，后者必须重复前者传达的大致内容，然后，前者务必要确定自己的消息得到了准确的理解。如果前者认为后者没有准确反映自己的信息，他就应该帮着澄清信息，以便对方准确理解。双方达成共识之后，后者才有机会表达自己的观点。接下来，为了让后者高兴，也为了自己争取到发言权，前者必须总结后者刚刚说过的内容。只要对话持续下去，这种过程就得重复进行。

当对话结束时，请回答下列问题，并与对方一起讨论你的答案。

1. 做到准确反映对方的信息，容易吗？

2. 总结对方的观点可以帮你更好地尊重对方，并让你的回答更加客观吗？

3. 随着谈话的进行，你们两人的观点是更接近还是更疏远呢？

4. 此练习最令人沮丧的地方是什么？

5. 此练习最令人愉快的地方是什么？

活动案例：传递反馈意见

此练习旨在帮大家练习支持性沟通，向他人传递非积极性的反馈意见。你必须与自己相当熟悉的人一起完成此项练习——你的配偶、亲密的同事或朋友。

阅读以下问题，并写下你认为适合对方的答案。因为是书面答题，请做到准确、直接、坦率。

1. 这就是我崇拜你的原因。

2. 我认为，这就是你最大的优势和独特能力。

3. 我认为，如果你想充分发挥自己的潜能，就要在这些方面进行改善。

然后，请书面记录下你的答案，作为备注或提醒，口头传达给对方。记住，要独立思考每个问题。

你完成之后，请对方回答下列有关沟通的问题（为了让对方能够准确地评价你的沟通能力，你可能需要向对方解释下面的每个问题。你还可以向对方讲授支持性沟通的原则，这是你学习和练习良性沟通的一种有效手段）。然后，询问反馈意见：你对支持性沟通的运用，达到什么程度了？请参照下面的对照表：1＝坚决不同意；2＝不同意；3＝保持中立态度；4＝同意；5＝非常同意。

1. 勇于探问（提问题），想宣扬（表达）什么就问什么。

1 2 3 4 5 不选

2. 展示一致性（真实性和直接性）。

1 2 3 4 5 不选

3. 使用描述性语句，而非评价性语句。

1 2 3 4 5 不选

4. 交流中尊重彼此的对立观点。

1 2 3 4 5 不选

5. 定期确定达成共识的领域。

1 2 3 4 5 不选

6. 针对每个否定句，使用3~5个肯定句来回应。

1 2 3 4 5 不选

7. 关注可控行为，而不是个人品质。

1 2 3 4 5 不选

8. 说完三四句话之后，让对方发言。

1 2 3 4 5 不选

讨论对方给予你的评分。你需要在哪些领域进行实践和发展？你在哪些领域特别娴熟和高效？

本章总结

本章的宗旨是帮助大家成功解决令人不安的困惑，以及具有潜在危机的互动问题。哪怕遇到各种问题，只要采用支持性沟通的步骤，就可以成为一位积极领导者。这些方法和技巧——避免防备心理和前后矛盾，展示一致性，使用描述性语句，针对问题本身发表言论，以及认可他人——是建立牢固关系的有效方法，哪怕面对分歧也无妨。

第五章

如何制定和实现终极目标

攀登珠穆朗玛峰是大多数人心中最具挑战性的运动。它需要最高级的规划、培训、努力、团队合作和自我超越。我们大多数人都没有尝试这项运动的勇气——体能、心理素质和情绪都不到位。在组织中，终极目标就像攀登珠穆朗玛峰一样可望而不可即——它们代表着我们心中的高峰、顶峰，以及最高成就。它们代表的成就远远超出了普通的成功和成果。但是，终极目标不只是幻想或梦想，它们还拥有激发惊人业绩的特质。

有人发现，终极目标可以帮助人们实现从来没有梦想过的成就，还可以帮助组织达到之前无法想象的绩效水平。本章将会向大家介绍个人和组织制定终极目标的过程，并协助大家研制出实现目标的战略战术。

若想了解终极目标的作用，首先需要理解目标和目标设定在个人和组织绩效中的重要性。本章将会帮助大家确定自己在生活中认识和利用有效目标的程度，还要向大家解释终极目标的特质。本章中的活动案例将会向大家展示个人和组织设定终极目标的过程。

制定目标， 激励绩效

大量的研究证实，相对于无目标而言，有目标可以激励个人和组织实现更高的绩效。例如，如果领导给你分配了一项任务，却没有给你规定任何业绩目标或标准，那么，你的表现可能会很差；如果你清楚自己的目标和预期的业绩水平，那你就会做得非常出色。目标设定是帮助个人改善绩效的常见策略。如果我们想要高绩效，就要常常设定各种目标，这是实现目标的必要手段。

组织目标与个人目标有着异曲同工之妙。我们可以根据目标建立的程度，准确预测出组织绩效水平。例如，在组织中常见的现象是：领导者制定一年的企业目标、每个子单元的目标、每个员工的年度目标，以及针对未来几年的长期目标。总之，各个组织中普遍存在着可以激励绩效的目标。

目标类型和绩效水平

设定目标的种类，在预测成功方面很重要。图 12 展示了不同类型的目标对绩效水平的影响。

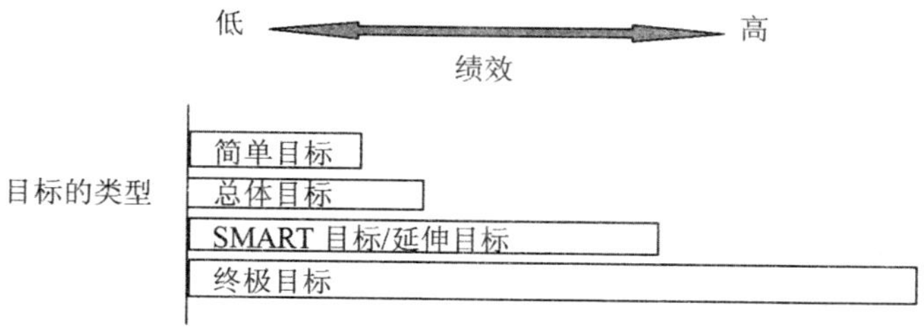

图 12　目标设定和绩效水平

简单目标：如果领导告诉你，大多数人每天完成 10 个任务，但是，鉴于你个人在公司中的价值地位，你只要完成 5 个任务就可以了。那么，你很可能会完成 5～10 个任务。如果你的目标简单，你的业绩也不会很高。

总体目标：如果领导给你一个总体目标，比如“全力以赴”或“努力工作”，而不是简单目标，你的业绩会更高。你可能不会松懈，但也可能挖掘不出自己的最大潜力。

SMART 目标/延伸目标：如果领导告诉你，鉴于你个人在公司中的价值地位，你每天至少需要完成 10 个任务的平均值，他还给你设定每天完成 15 个任务的延伸目标，那么，你的绩效水平可能更接近 15 个任务，而不是 10 个任务。如果延伸目标具备 SMART 目标的五大特征，那它们就会对绩效产生显著的影响。这些特征如下：

S＝特定目标（相对于总体目标而言）。特定目标提供了明确的标准或绩效水平。特定目标是精确的、详细的和明确的，它们比总体目标更有可能实现。例如：“我们的目标是 95% 的客户满意度”，而不是“我们的目标是让客户满意”。

M＝可衡量的目标（相对于模糊目标而言）。我们可以清晰地评估和测量这种目标。因为可以测量目标绩效，所以会提高目标实现的可能性。例如：“我们的目标是本赛季赢得 20 场比赛”，而不是“我们的目标是在本赛季取得成功”。

A＝相关目标（相对于无关目标而言）。相关目标与组织的宗旨一致。相关目标更容易实现，因为较之与组织关注内容没有瓜葛的目标，它们在组织中更容易赢得大家的支持。这些目标还可以帮助个人在自己关注的事情上取得进展，因为这些目标与个人的核心价值观相一致。例如：“我们的目标是每周花 10 小时来辅导那些自闭症儿童”，而不是“我们的目标是花时间进行社区服务”。

R＝可实现的目标（相对于不可能实现的目标而言）。可实现的目标应该很难实现——也就是说，这种目标会有延伸目标——但不等于无法实现的目标。例如，对于大多数人来说，基本实现不了“下个月成为奥运会运动员”的目标。顾名思义，可实现的目标就是可以变成现实的目标，而不只是幻想或梦想。例如：“我们的目标是每 6 个月至少进行一次爱心捐献食物大行动”，而不是“我们的目标是在底特律消灭贫困”。

T＝有时限的目标（相对于无时限的目标而言）。有时限的目标可以确定目标何时实现的最后期限。无时限的目标可以无限期地进行，不用管目标是否已经实现。例如：“我们的目标是在财政年度结束时产生 1500 万美元的收益”，而不是“我们的目标是每年平均收益达到 1500 万美元”。

活动案例：SMART 目标

写下你在工作、个人生活或家庭中的一个目标。现在，使用下面的评分量表，分析一下你的目标是否符合 SMART 目标的特征。

目标是特定的	绝对是	不确定	可能不是
目标是可衡量的	绝对是	不确定	可能不是
目标是相关的	绝对是	不确定	可能不是
目标是可实现的	绝对是	不确定	可能不是
目标是有时限的	绝对是	不确定	可能不是
目标是可延伸的	绝对是	不确定	可能不是

对于与工作相关的目标，如果有一个同事对你的目标进行评分，那么，评分结果会更加准确。我们可以让组织中的每个人都共享和评估这些目标。这样，同事们就可以根据自己的目标和 SMART 目标特征的匹配度，互相提出改进建议。

终极目标，挑战极限

终极目标是一种特殊类型的目标。它们通常具备SMART目标/延伸目标的特征，但还具有与众不同的另外五个特征。具体如下：

（1）具有积极导向；

（2）代表第一选择；

（3）拥有肯定取向；

（4）象征奉献精神；

（5）不断创造和传递正能量。

第一特征：代表积极导向

在英语中，“deviance（导向）”通常是个贬义词，意为偏离、异常。当我们将某人标记为“deviant（不正常）”时，通常是批评他离经叛道。然而，此处的“deviance”只是意味着不正常的情况——偏离标准或意想不到的取向。

因此，对于“导向”这个词，我们不但要想到“消极导向”，也要想到“积极导向”。为了说明积极导向的意义，请看图 13 中的解说。消极导向（代表过失和错误）在左边；正常或理想状态在中央；积极导向或非常理想的状态在右边。图中右边的内容，我们可以称之为“良性状态”——意味着人类自己拥有的最好状态或最高愿望。

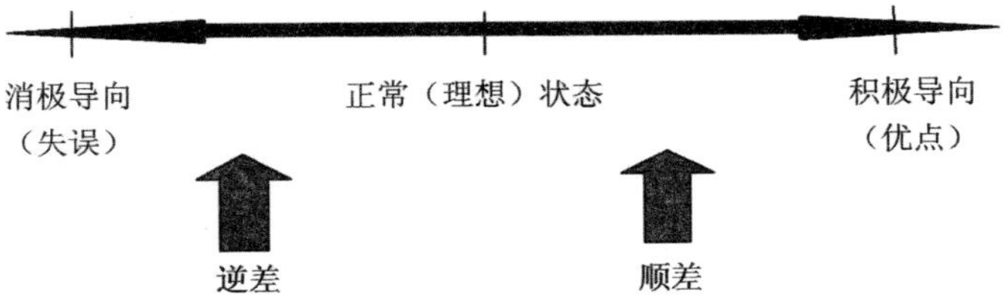

图 13　积极导向和消极导向结构图

下面举一个典型的例子——身体健康问题。大多数医学研究和几乎所有医疗专业人士都把时间用来研究图 13 中左边（疾病或受伤）和中间（健康状况正常，也就是没有疾病或伤害）的内容。相对而言，科学上很少关注正常身体健康（中间）和活力四射（右边）之间的差距。比如，如何让健身运动达到奥林匹克运动水平。图中右边的内容代表积极导向的健康状况。从科学上讲，我们对身体健康了解甚少，远远不及我们对疾病的认识。

图中，左边与中央之间的空间可称为“逆差”，这里包含着问题、障碍和错误。中央和右边之间的空间可称为“顺差”。终极目标集中于顺差，而不是逆差。它们的目标不仅是克服问题和取得成功，还要达到高超的绩效水平——超乎寻常和超越正常水平的绩效。在这方面，它们类似于丰富的组织文化，因为它们达到了人类的最高愿望。

第二特征：代表第一选择

终极目标注重抵达人类的最佳状态，很有效力，因为它们类似于希腊哲学家亚里士多德所说的“第一选择”。它表示，“第一选择”代表“本身就是好东西，是因为自身的优势而入选”，比如爱、智慧和实现度。“第一选择”具有内在价值，而且值得拥有，因为它本身就意义非凡。与“第一选择”相对的是“第二选择”，后者包括“有助于获得其他好处的事物”，比如利润、声望或权力。“第一选择”与“第二选择”之间的差异之一：人们从来不会厌倦或讨厌“第一选择”的事物，不可能嫌弃这种选择太多，比如爱或智慧。而“第二选择”则不同，它可能会导致收益递减，引起人们的厌烦。

就像亚里士多德的“第一选择”一样，终极目标拥有自身的意义和目的。对于终极目标，只要实现就可以了，结果本身就足够了，这种目标不是获得另一个目标的手段，比如认可、奖励或赞誉。终极目标的实现，本身具有人类需要的一切价值和意义，可以让我们体味到工作中的使命感。

第三特征：代表肯定取向

肯定取向是指朝着积极的希望迈进的倾向——它强调的是“为什么不”，而不是“为什么”。终极目标不仅强调解决问题、减少障碍、克服挑战或消除困难。更确切地说，终极目标还会集中关注机遇、希望和潜力。终极目标可能会更加强调优势和利用禀赋，而不是解决弱点和过去的失败。它们支持乐观的方向，不仅要消除问题，还在期待良性的结果。

第四特征：代表奉献精神

我们可以将“实现目标”理解为：提供利益或奖励给追求目标的人或其他人。因此，目标可分为两大类：成就型目标（追求目标的人会从中获利）和奉献型目标（其他人会从中获利）。大多数人会同时追求这两种目标，但总会有一种目标在个人和组织中占据主导地位。

成就型目标强调的是：实现自我利益，争取期望的结果，获得优先的奖励，达到自我满足或提高自尊，并在他人眼中创造正面形象。强调成就型目标的人非常热衷于证明自己、增强自我价值或展示自身能力。他的主要目标就是取得期望的绩效成果。

奉献型目标的重点是：提供好处给他人。这些目标强调个人的贡献与得到的回报之间的比例。奉献型目标的动机更多在于行善，而不是占有欲望。

詹妮弗·克罗克女士和专家同仁们发现，随着时间的推移，专注于为他人做贡献的目标，会让个人迅速成长；而自私型目标则让个人注重检验成绩。在几个月的跟踪研究中，克罗克女士发现，相对于自私型目标而言，奉献型目标可以产生更多的学习动力、更高水平的信任度、更有益和高效的人际关系、更少的抑郁和孤独感。最重要的是，当奉献型目标占主导地位时，人类活动就会更加有意义。

终极目标强调的是无私奉献而不是个人利益，创造价值而不是个人回报，为他人保证价值而不是为自己攫取价值。奉献型目标可以让人类达到最美好的状态。

第五特征：不断传递正能量

正如第三章中所提到的，人类的能量分为四种：身体能量、心理能量、情感能量和人际能量。在这四种类型的能量当中，只有人际能量可以更新而不是耗尽，这就是它与积极有益的人际关系相关的原因。积极的人际关系会扩张，因为它们使用率越高，产生的能量就越多。我们越是互敬互爱，这样的人际关系就越会循环更新下去。此外，人际能量本身即为收获。人们追求人际能量，并不是为了获得另一个更重要的结果。充沛的人际能量本身就足够了。

同样的道理，终极目标本质上就是正能量。我们不会因为追求终极目标而疲惫不堪；相反，我们得到了提升和激励。我们也不需要利用另一个动力源泉来追求终极目标，终极目标本身就可以为其追求提供必要的正能量。艾迪·德西的“内在激励”的概念，具有相似的内涵意义。

终极目标不同于个人使命宣言、人生目标陈述或代表各自立场的发言。终极目标也不同于组织的核心竞争力、企业愿景声明或战略计划。那些哲理性陈述不同于终极目标，因为它们没有 SMART 目标的五大特征。终极目标——首先是目标——是激励行为的驱动力。

如何制定组织终极目标

制定终极目标是一件难事——通常情况下，人们不可能随随便便就能想出终极目标，或者简简单单想一下就能出结果。事实上，大多数的个人和组织从来没有为自己制定这些目标。我们虽然尚未探索出制定终极目标的最佳模式，但可以提供一些组织因为建立终极目标而产生显著进步的实例。

例如，1951 年，美国政府在科罗拉多州建了一个工厂，用以生产冷战期间储存核武器的引爆器。冷战结束时，美国能源部命令关闭工厂并清理场地——美国广播公司新闻频道曾将此处列为美国最危险的地方，因为这里存储了全部的放射性和爆炸性物质，包括浓缩铀、钚和危险化学品。来自全球各地的高级专家小组进行了一项研究，估算出清理需要花费的时间和成本。最乐观的估计是 70 年，成本为 360 亿美元。现实一点的话，估计是 200 年和几千亿美元。

当时，美国能源部、政府责任办公室和其他部门的核武器清理计划都不切实际。然而，拿下合同的那家公司建立了以下终极目标："我们将在 12 年内清理和关闭该工厂，以便尽快地永远消除它对儿童和子孙后代的个人伤害、污染危害和放射性物质的侵蚀。"实现这一目标的结果是，清理和关闭工厂实际上只花了 10 年的时间，成本为 60 亿美元，而且此处的清洁度比联邦政府要求的标准高了 13 倍。下面来分析一下这个终极目标的特征：

- 前 12 年的最初目标强调了积极导向，因为专家认为，时间框架纯属胡扯。
- 此目标的驱动力，也就是"第一选择"——给子孙后代留下一个安全的世界。不需要其他更重要的结果。
- 此目标强调了积极的期望——即便多数人反对，也要超越一切现实估计。因此，它拥有一个肯定取向。
- 工人们正在为他人和子孙后代做贡献。此外，为了他人的利益，他们愿意牺牲自己额外工作所得的钱财。
- 这一挑战可以不断地创造正能量，激发员工的热情和全部的奉献精神，甚至让他们达到宁愿放弃一切的热情程度。

还有一个例子：2005 年，保德信金融服务公司有一家分公司，它的领导团队制定了终极目标。华尔街对这家公司的期望是实现巨大盈利，这给它带来了超级大的压力。因此，他们用财务术语来表达最初的目标："我们想要在2010年之前赚取1000万美元的利润"——当时，这是一个几乎无法实现的目标。

然而，在了解终极目标的概念之后，这家公司的领导团队决定换一种说法。领导者们认识到，很少有员工每天早上起床的时候，对赚取1000万美元的利润目标充满激情和热情。因此，领导团队改变了目标的表达方法，来更好地反映终极目标的特征："我们将确保1000万人在2010年之前过上有保障的退休生活。"鉴于当时的绩效趋势，这个目标代表了每个人心目中的积极导向。现在员工可以想象他们的祖父母在退休生活中拥有合理的生活质量，这就是"第一选择"的意义。他们也可以如此幻想：由于公司的承诺，一位老年朋友得到了医疗保证，这就是此目标的肯定取向。他们还可以如此预想：由于自己的贡献和成功，很多永远不会见面的陌生人也会过上好日子。这个目标产生了源源不断的正能量，带来了日益增长的绩效水平。公司的业绩轨迹也由于终极目标的制定而产生了显著的变化。

下面再看几个终极目标带来企业成功的案例：

- 福特汽车公司：实现汽车大众化（20 世纪初）
- 波音公司：将世界带入喷气机时代（20 世纪 50 年代）
- 索尼公司：改变日本产品质量差的形象（20 世纪 60 年代）
- 苹果公司：一人一台电脑（20 世纪 80 年代）

还有一些超越公司范畴之外的终极目标，比如，普拉哈拉德倡议。它的宗旨是：重新审视商业扶持世界上最贫穷居民的模式。它声称，公司可以“挖掘新市场，同时解决一些社会问题，满足大约 40 亿人每天不到 2 美元的生活费”。这里的目标就是在 10 年内成功安排 50 万印第安人就业。

终极目标不同于单纯的延伸目标，而是有所超越。有时，SMART 目标/延伸目标具备终极目标的一些特征（特别是强调积极导向），但通常会缺少其他几个特征（第一选择、肯定取向、奉献精神和不断传递正能量）。当你们回看过去 50 年来的延伸目标时，就会发现它们与终极目标的差异：通用电气公司的目标是“在我们服务的每个市场上，不是第一就是第二”；沃尔玛公司的目标是“成为第一个万亿美元的公司”；菲利普·莫里斯公司的目标是“打垮英美烟草公司，成为烟草行业第一”；耐克公司的目标是“打垮阿迪达斯”；本田公司的目标是“摧毁雅马哈”；吉罗体育公司的目标是“成为自行车行业中的耐克”（顺便说一句，几十年前，耐克就已经实现了自己的延伸目标）。

如何制定个人终极目标

个人也可以自己确立和追求自己的终极目标。个人终极目标也具备上述五大特征：同样的积极导向、同样的内在意义、同样的肯定取向、同样的奉献精神、同样的正能量。建立终极目标，通常可以让一个人做到自己不可能完成的事情。

下面有一个例子，其中的主人公名叫里克·霍伊特，他是马萨诸塞州韦斯特菲尔德南部一所中学的学生，因为患有脑瘫，所以只好坐轮椅。不过，他的轮椅上有一个磁头开关，可以帮助他行动。一天，里克看完一场高中篮球比赛回来，告诉他的父亲迪克，有一场慈善长跑活动，旨在帮助一名因车祸而瘫痪的同学。里克告诉父亲，他想参加这场活动。于是，父亲决定建立一个终极目标。他不介意自己 40 岁，平时每周只跑步一次。他不介意自己一次最多只能跑 1 英里。他不介意自己每天不仅需要跑 5 英里，还要推着儿子和 50 磅重的轮椅去跑步。他的儿子想参加这场活动，这就是他设定的终极目标。从那时起，父子俩一起努力，终于完成了 50 场马拉松和 121 次铁人三项。他们还骑自行车跨国旅行，在45天内完成了3700英里的长途跋涉。重要的是，他们有一个关键目标，那就是打破残疾人的障碍，并普及终极目标的概念。最后，他们终于实现了自己的终极目标。

活动案例：个人终极目标

以下问题旨在帮助大家为自己的人生看清和找准终极目标。这不是个人使命或人生观。因为它是一个终极目标，它具备SMART目标的特征——激励行为的驱动力。

这样的目标可能与你在工作中的角色、你工作之外的生活、你的人际关系，或你身上非常私人的东西有关。如果你不能马上想出主意，也请你不要沮丧或失望。许多人从来没有为自己制定这样的目标。设定一个可实现且对你有意义的终极目标，这不是一个简单快捷的任务。有时，这个任务需要大量的思考、反馈和自我分析，但结果值得你去努力争取。

- 对你而言，什么代表积极导向的绩效——明显高于普通绩效？
- 你会树立一个具有内在价值的目标吗——即便不会给你带来其他的好处？

- 你是否专注于肯定取向——关注积极的期望，而不只是解决问题；争取顺差，而不是克服逆差？
- 你实现这一目标之后，对他人有什么贡献？
- 如果除了目标本身，你就得不到其他激励了，那么，你是否可以获得能量、热情和兴奋感？
- 在你非常关注的某个领域，你能想象到的最佳绩效是什么？
- 你曾经热情承诺过什么，你愿意竭尽全力实现它呢？
- 你在实现目标的过程中需要一系列的支持吗？

活动案例：组织终极目标

终极目标的宗旨是推动个人和组织达到其极限状态。在组织中实现终极目标，可以创造不菲的积极成果，但没有一个组织可以侥幸变得卓越非凡。无论是追求终极目标，还是实现卓越绩效，都是不可能侥幸完成的。

当然，你在与其他组织成员合作过程中，建立组织终极目标可以带来最好的绩效。如果你要将某个终极目标凌驾于组织之上，那注定会失败。因为对组织绩效负责的人们必须看清和认可终极目标的特征，并在同仁之间共享。

若想实现组织的终极目标，就得举办多场会议，并在相关领域进行深入讨论。但是，请在开始追求终极目标之前，务必先思考下面的问题：

- 什么成就代表最高成绩——我们的组织可以达到的最佳状态？
- 什么会激发员工的热情？
- 我们的组织深切关注的是什么？
- 什么代表我们组织的最终命运？
- 我们希望组织将会留下什么财产？
- 我们想要创造哪些人类福利？
- 我们代表什么样的核心价值和优点？
- 我们如何能够产生超越近期结果的影响？
- 我们可以创造什么样的连锁反应？
- 我们的顾客或客户深切关注的是什么？
- 什么结果比组织的成功更重要？
- 我们可以想象到的最佳结果是什么？

实现终极目标的四大步骤

当然，只是建立一个终极目标，并不能保证绩效会发生任何形式的变化。目标陈述必须辅以额外的援助。具体来说，目标必须与一套行动步骤和责任机制相结合。

几年前，胃旁路手术尚未发明。一个年轻女子很想结婚生子，但她的体重超过400 磅。她感觉自己的体积太过庞大，不太可能找到自己的婚姻伴侣，她还觉得自己的身体不够健康，很难怀孕生子。她尝试了延伸目标、SMART 目标、激励疗法、物理疗法和很多时下流行的节食方法，试图改变自己的体型，但都是徒劳。最后，在巨大的情绪和心理痛苦中，她决定放弃自己的生命。

然而，就在她将自杀计划付诸行动之前，突然接触到了终极目标的概念。在教练和辅导员的协助下，她决定尝试一下，看看这种方法能否帮到她。她建立的终极目标是：在接下来的12 个月内瘦掉 100 磅。现在，大家可能会认为，这只是一个SMART 目标/延伸目标，可是，这么多年过去了，这些目标却没有得到任何进展。对她来说，只有当减肥目标有意携带上终极目标的五大特征时，才会发生本质上的根本性变化。显而易见，短期内大幅度减肥，这是一个积极导向的目标。她也找到了方法——将目标与第一选择、肯定取向联系到一起，而不只是寻找解决方案；讲究奉献精神而不是追求纯粹的个人利益；探索持续正能量的来源，而不是开启一段曲折的旅程。这个目标有着更加广泛的意义，而不是简单的减肥计划。

她与医生协商，确保这样做不会危害她的健康，她还获得了网络支持。这个网络中的支持者们不仅鼓励她、给予她精神支持，还在那里陪伴她。她已经获得了精神支持和友情帮助，但这些还是不足以让她完成终极目标。

此外，她还做到了以下几点，如图 14 所示：

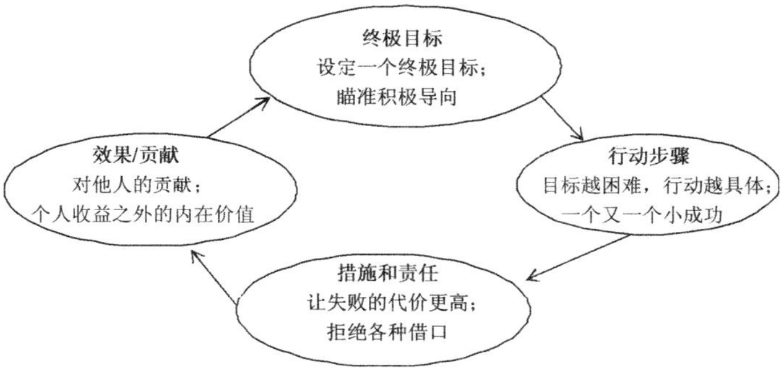

图 14　实现终极目标

（1）设定一个终极目标；

（2）设定几个具体行动；

（3）让失败的代价更高；

（4）观测最后的效果。

第一步，当然是设定一个终极目标。但为了实现这一目标，还要进行三大关键性步骤。

第二步，需要设定几个具体行动。原则是：目标越困难，行动步骤就越多、越具体。例如，这个年轻女子决定：她不单独去购买食物，她不会不带清单就去购物。每天早上，她会在工作之前去见一个朋友，相约去参加一个锻炼班。她钱包里的钱只够买公共汽车票，没有额外的钱买汉堡包或甜甜圈。每天都会有人和她一起吃午饭，监督她节食。她只有在跑步机上锻炼时才可以看电视。她还定期参加各种有益的小组讨论会。以上这些只是她列出的20多个行动步骤中的几步而已。这意味着，在每一天结束的时候，她已经取得了许多个小成功。这些小小的成功——而不是失败和尴尬——开始支配她的生活。这些小成功可以不断地帮她培养正能量。

第三步，让失败的代价更高。这很重要，因为当我们大多数人面临积极性挑战时，常常会找借口，不想为目标付出实际行动。第三步就是要拒绝那些五花八门的借口。案例中的年轻女子采取的措施就是——若减不了肥，就要付出惨重的代价。比如，她与主管签订了一份工作合同：如果她没有实现减肥目标，主管就会扣除她薪水的10%；主管在工作中安排了公开测体重；两人还达成协议——如果她没有在年底之前减肥成功，她的医生就会送她进医院治疗，让她接受静脉注射，直到减肥成功——每天要花费400美元；还要参加很多其他活动。她至少要负十几项责任，所有这些都是为了让她减肥失败后的生活更昂贵、更尴尬、更艰难。也就是说，她在追求目标的过程中，既遇到了正面激励的鼓舞，也受到了负面激励的威胁。

第四步，强调与终极目标相关的奉献和内在激励。如前文所述，奉献型目标会比成就型目标带来更多的成功，这些活动的意义在于产生了坚持减肥需要的正能量。对于案例中的年轻女子，让自己活下去，胜过其他任何结果，不仅如此，她还转移了自己的重心，开始为造福他人而奉献力量，积极投资了一些有意义的活动，并参与了很多造福子孙后代的长期事业。

她成功了吗？她不仅在12个月内减掉了100磅，还继续坚持了下来，最终减掉了一半以上的原始体重。

活动案例：行动步骤和责任机制

无论是个人终极目标还是组织终极目标，请你写下几个具体的行动步骤（以及相对应的一个个小成功）和责任机制（度量、指标、里程碑），帮助你不断进步，最后实现你的终极目标。

本章总结

目标设定是激励绩效和维持责任的一种常用技巧。但是，正如本章所强调的，普通目标和终极目标之间存在着差异。终极目标具有与 SMART 目标相同的特征——它们是特定的、可衡量的、一致的、可实现的和有时限的——但是，终极目标还具备五大额外特征，因此更加独特。终极目标与积极导向（非常积极的表现）相关。它们与亚里士多德的“第一选择”概念相关，后者具有内在价值，以及与追求相关的使命感。终极目标具有肯定取向，而不只是解决问题；追求美好事物，而不只是消灭问题。终极目标的宗旨是给予奉献，而不只顾个人利益。此外，终极目标可以创造和传递源源不断的正能量。它们需要一系列的支持，还需要一个专注的过程。然而，追求目标的过程，本身就令人朝气蓬勃、豪情万丈。

第六章

如何在组织中应用正向领导力

若想进行正向领导力实践，不仅要求个人追求卓越，还要求他展示能力。我们必须考虑到组织环境，因为组织行为比个人行为蕴含着更多的复杂性。组织必须处理多种问题，需要考虑流程、路线和结构，以及需要尊重的组织文化、内涵价值和传统惯例。我们必须考虑员工的偏好和人际关系，必须认可竞争对手和答谢客户。考虑到所有这些需求之后，再建立一套理论去帮你确定在组织环境中应用正向领导力实践的先后顺序和得失权衡，是很有帮助的。

我们将要使用的理论叫作竞争价值模型。记得 30 年前，我和我的同事正在研究组织影响力的因素，于是开发出这套理论。该理论已经成为世界上分析组织挑战和领导改进的最常见方法，着重强调了每个高绩效组织中存在的利弊和紧张局势。

在本章中，该理论用于辨别每个组织必须处理的四个问题——关注客户、授权给员工、创新和萌发新的创意，以及提高效率。针对每个问题，我们都会探索出相关的正向领导力实践案例。

这些实践将帮助那些面临和遭遇诸多批评的领导者们。比如，有人这样批判：正向领导力就是平易近人、面带微笑、婆婆妈妈的代名词。使用竞争价值模型可以提高管理者的领导能力，并产生积极的结果，而不仅仅是被当作柔情或甜蜜的同义词。

组织中的正向领导力

如上文所述，丰富的经验证据表明，实践正向领导力可以在组织中产生理想的结果。密歇根大学积极组织型学术研究中心的研究表明，在金融服务、医疗卫生、军事组织、政府机构、交通部门、制造业、教育、航空公司、制药部门和家庭等多个行业的组织中实行正向领导力——可以有效提升业绩。盈利能力、生产力、质量、创新、客户忠诚度和员工敬业度都会有所提高。曾在金融服务业担任CEO兼高级主管的吉姆·马洛齐的故事，就是有关正向领导力效果的一个典型案例。在某项业务中，吉姆得到了授权，他的任务是领导两大金融服务组织的合并工作。

那时，我们试着将两种组织文化融合在一起。一开始，就像合并美国职业棒球大联盟中的红袜队和洋基队一样艰难。我们当时有两种截然不同的组织文化——其中一种是新英格兰文化，另一种是纽约或者说新泽西地区文化。两种组织文化都非常强大、非常热烈、给力。你们可以想象，试图把这两种文化合并在一起，是一个多大的挑战。

在两年的时间里，吉姆和他的同事们在公司里系统地实施了正向领导力实践。他们处理高级管理人员退休事宜，针对跨部门和跨职能领导者进行培训，并努力开发管理经验，还在合并后的组织中插入各种正向领导力实践的联谊活动。

这两年的努力，不仅涉及身先士卒的高级领导，还需要整个组织中的每个人都积极参与其中。观看所有不同的群体对正向领导力发挥自己的小小作用，是一件很有趣的事情。我们可以实施各种方法和技巧……主要成果是两家公司的同化。我们保留了95%的客户。我们的年度员工满意度评分和员工意见调查结果也在改善。我们的自动离职率很低，公司的收益以每年20%的复利率在增长。这是一个完完全全的成功故事。此外，当这位首席官员受命去另一家公司工作后，这里的组织文化和实践都保持了不变。

吉姆现在又应邀去担任另一家公司的CEO，他进入这家公司的前一年，公司损失达到了1.4亿美元，他的下一个任务就是让公司这一年的损失控制在0.7亿美元之内。

我回顾了自己以前的经验和学到的正向领导力知识……我们开始了各种各样的实践，事实表明，当你开始积极主动起来，当你请求他人帮你真正实现你想要做的事情时，奇迹般的事情即将发生……这真是在树立榜样……正如我所说，当我接手的时候，公司做得不是很好。我们损失了很多钱。果然，我们转亏为盈，从1.4亿美元的亏损转向0.2亿美元的利润。实际上，我们实现了两倍的预期商业目标。我们的利润比预期增加了1倍。我们的员工满意度也在急剧上升。

解读竞争价值模型

那么，吉姆成功的秘诀是什么？他是如何在两个复杂的大型金融服务机构中取得这样的卓越成果的？他有一个高效的方法——利用竞争价值模型，帮助自己合理安排先后顺序和行动步骤。

简而言之，竞争价值模型基于两大因素。具体来说，如果一些组织和管理人员能够做到稳定、高效和可预测性，那他们就会取得较高的效率；如果他们能够做到灵活、精力充沛和创造性，那他们也会取得很高的效率。这两种竞争取向——稳定性和灵活性——表示模型中的纵坐标。此外，如果一些组织和管理人员创建整合、统一和流畅的内部流程，那他们就会取得颇高的效率；如果他们具有竞争力，依赖生产，并关注外部顾客，那他们也会取得很高的效率。这两个竞争取向——内部关心和外部关注——代表模型中的横坐标。横坐标和纵坐标共同组成一个坐标系，分为四大象限（参见图 15）。

有人发现，竞争价值模型的四大象限非常稳健，准确描述

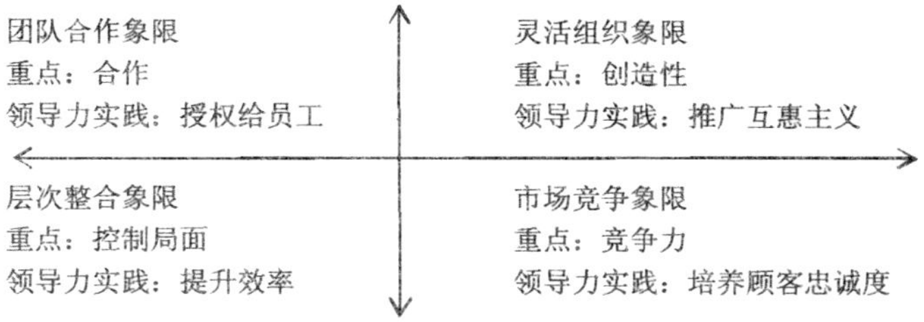

图 15　竞争价值模型

图片来源：卡梅隆和奎恩（2011 年）；

卡梅隆、奎恩、德格拉夫和塔科尔（2006 年）

了各种各样的个体现象（包括认知过程、信息处理、神经驱动、领导风格和管理能力）以及组织现象（包括文化、结构、质量工艺流程、人力资源管理实践和竞争战略）。我们已经对这个模型进行了 30 年左右的研究，现在世界上有成千上万的组织在使用该模型。最重要的是，我们的宗旨是让这些象限帮助积极领导者在组织中进行重要实践，以便在组织中实现正能量和高绩效。

领导者若想取得卓越成效，就必须保持良性、高效和可预测的组织流程。这就是层次整合象限的内容，其重点在于维持和控制局面。然而，过分强调稳定性和控制性，会导致呆板的官僚主义，因此，领导者还必须注意市场竞争象限，其重点是激发创造力，目的是服务于灵活组织象限。对于高效的正向领导力来说，变化、灵活性和动态创新也很重要。然而，过分强调创造力和变化，就会导致昂贵的月计划动态。

同样，高效领导者必须具备凝聚力，引导组织成员建立团队作战的互助协作关系——这就是团队合作象限的重点，它强调的是合作。另一方面，它又过分强调这些合作动态，忽视了对即时成效、快速行动、竞争力和关注外部客户的需要。市场竞争象限有助于平衡“柔情蜜意型”领导方法，侧重于竞争和即时效果。当然，在这里，过分强调竞争也会导致一种压迫性的血汗工厂的气氛。由于过分强调某个象限而牺牲了其他象限，往往会造成严重的后果。为此，竞争价值模型强调指出了在每个象限中应用正向领导力实践的必要性。

例如，有人这么批评正向领导力：它过分强调柔情、笑脸、婆婆妈妈、甜言蜜语、以团队为核心、提高团队凝聚力的活动，从而忽视了领导力的精明务实、竞争性和挑战性等特征。如果正向领导力只局限于团队合作象限的实践，那就理应受到批评。因此说，竞争价值模型有助于提醒和指引领导者在实施中做到面面俱到。

当然，并非所有的正向领导力实践都可以纳入竞争价值模型中的某个象限当中，不过，很多正向领导力实践都可以纳入其中。竞争价值模型可以帮助积极领导者辨别出哪些实践与他们自己的组织环境最相关。该模型也是吉姆·马洛齐用来指导正向领导力转型的关键方法之一。

具体来说，吉姆成立了一个改革小组，其成员包括在整个组织中传播正向领导力实践的正能量者们（参见第三章）。

他们能够引入更积极的领导力概念——那就是竞争价值模型——较之向高级领导初步介绍正向领导力知识，这种模型分析法更受欢迎。我们的改革小组将竞争价值模型迅速引入我们的组织当中。现在，它们终于在我们的组织中站稳了脚跟，可以继续将正向领导力实践引进我们的组织。真是不可思议啊！

四大象限和正向领导力实践

虽然我们不可能针对每个象限制定出有关正向领导力实践的详细表格，但是，上文中的图 15，重点列举了每个象限中的典型实践案例。

市场竞争象限：顾客忠诚度

每个组织都有客户——也就是接受产品或服务，或者受到交付产品或服务影响的顾客。客户可以是内部人员，即组织成员本身，也可以是外部人员，即组织之外的人们。大多数组织都明白，一定要满足客户的需求。众所周知，美国客户满意度指数的使用率很高，经常被用来确定客户对各种组织和行业的满意程度。人们发现，客户满意度评分已经成为公司投资回报率、净现金流和股票收益的良好预测指标之一。

然而，客户忠诚度与客户满意度不同。基本上，忠诚的客户是那些不太可能离开的人，他们还会回来购买我们的商品和服务，并向其他人推荐我们的产品或服务。忠诚的客户对组织的承诺远远大于仅仅满意的客户。

提高客户忠诚度的一个实用方法就是建立卡诺模型（参见图 16）。这个模型指定了两个元素，一个是满意度元素（“喜欢”就用“ +”表示，“讨厌”就用“ -”表示）。另一个是性能元素（“性能佳”就用“ +”表示，“性能差”就用“ -”表示）。

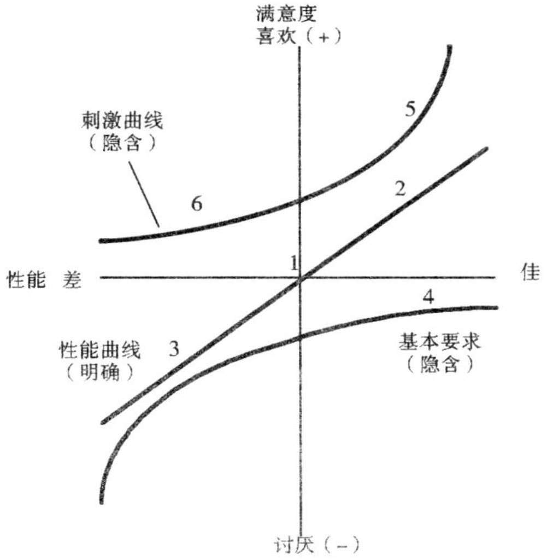

图 16　卡诺模型

为了分析这个图表，让我们假设一下：你要在市场上寻找一辆新型汽车。你正在拜访一个经销商，向他购买此款车。你向销售人员详细说明了你想要的模型和你喜欢的功能，比如黑色、四门、电源包、较高的汽油里程数。如果销售人员根据你的具体要求——只是根据你的描述——向你展示了一辆正好合适的汽车，那么，你在卡诺模型中正好位于性能曲线的中心（图中“1”处）。此曲线表示基于客户直接要求的汽车性能。在这种情况下，你会心满意足——不是欣喜若狂，也不是失望沮丧——因为汽车的性能符合你的口头期望。然而，如果你发现这车开起来更灵便、更安静，强大的发动机功能更是超乎你的想象——也就是说，汽车的性能超过了你的期望值——那么，你在性能曲线上的位置就会向上移动（图中“2”处）。换句话说，你会更加满意。

但是，如果你发现车里没有坐垫、换挡把手，也没有雨刮器，你可能不想买下这辆车。但你可能永远不会明确要求销售人员卖给你一辆带坐垫、换挡把手和雨刮器的汽车。因为这些只是基本要求。如果连这些都达不到，满意度就会很低（图中“3”处）。不过，如果销售人员给你推荐一款猫王专用的饰有莱茵石的换挡把手，那也不太可能提高你的满意度。也就是说，即便你花费大量资金来提高汽车的基本性能，也根本不会提高你的满意度。这辆汽车必须具备一些基本性能，但如果基本性能达到非凡程度，那也不会增加满意度（图中“4”处）。你若想改善基本性能，在满足客户基本需求之后，也不会有什么益处。

另一方面，如果你发现汽车配备了 GPS 语音导航系统，带有自动制动功能的备用相机，还具备远程进入和启动功能，以及 10 万英里之内的免费保修服务，也就是说，它拥有你不曾期望和要求的更高性能，可以为你排忧解难，那么，这时你在卡诺模型图上的位置就是图中“5”处。这就是激励曲线。它不但带来了客户满意度，还造成了客户忠诚度。如果这些功能不存在，你不会不满意（图中“6”处）。但它们的意外存在导致了客户对经销商的忠诚度、未来购买的可能性，以及推荐给他人的概率。当公司让客户忠诚度达到那个高度的时候，就有希望增长 400% 的收益。我们的原则是：为客户解决他们不曾期望或要求的深层问题。这样就会带来积极绩效和客户忠诚度。

应用此模型时，需要记住一点警告：随着时间的推移，刺激因素可能会变成基本要求。客户会开始期待那些曾经给予惊喜和乐趣的功能。这意味着，这样的挑战永无止境——鉴定刺激曲线的特征，找到让客户惊喜和乐意的方案，并解决他们的后顾之忧。

活动案例：市场竞争象限

请考虑一下你在组织中的职责范围。再想想内部员工和外部客户。然后选择这次活动的主要客户。确定你在三个方面提供的价值：

1. 基本曲线：你必须提供的价值（隐含）
2. 性能曲线：你应该传递的价值（明确）
3. 刺激曲线：你能够提供的价值（隐含）

再考虑下列因素：

- 你的客户对你的期望是什么？
- 你的客户面临哪些问题——你和其他任何人都无法解决的问题？
- 你可以提供什么刺激因素来促成客户忠诚度？

团队合作象限：懂得授权

有一种与团队合作象限相关的正向领导力实践，那就是授权给员工。在这里必须指出的是，虽然“授权”和“权力”往往混淆不清，但它们不是同一个概念。权力通常自外部——它可以赋予某人——它的定义是：有能力让别人做你想要他们做的事情。另一方面，授权来自内部，必须得到个人的认可和接纳——它的定义是：有能力让别人做他们自己想做的事情。因此，领导力挑战是确保其他人想要做的事情与对组织有益的事情相匹配。

大量的研究证实，得到授权的员工比没有得到授权的员工更有效率、更满意、更有创新能力。当授权给员工的比例提高时，组织绩效就会显著提高。如果没有授权意识，管理者和组织都不能长期保持高效发展。

基于格雷琴·施普赖策和安妮儿·米什拉的研究，当存在以下五大因素或维度时，可能会产生授权。这五大因素缺一不可，稍有缺失，就不会发生授权行为。

授权的五大因素

因素	释义
自信力	感觉自己有能力
自我决定	自己可以拿定主意做选择
个人影响力	感觉自己可以发挥作用
感悟活动的意义	在活动中获得价值感
信任他人	有一种安全感

自信力：得到授权的人们感到自信和有能力。他们有一种感觉——他们拥有技能、能力、知识和资源，可以成功地完成自己面临的任务，并且善于和他人保持良性人际关系。

自我决定：得到授权的人们感觉自己有多种选择和替代方案。他们有自由裁量权和选择权，以便追求自己想要的东西，使用自己选择的方法，因此，他们可以对自己的选择产生的结果负责。

个人影响力：得到授权的人们会意识到自己的行为能带来怎样的影响。他们可以看到自己的行动对客户和更广泛的组织目标产生的影响，同时也可以收到自己对这些成果的贡献的反馈意见。

感悟活动的意义：得到授权的人们可以看到自己参与的活动的意义所在。他们心中有一个信念：他们所做的事情都会环绕一个核心原则，围绕他们关心的事情和值得花时间去努力的事情——可以创造传奇的事情。

信任他人：得到授权的人们有一种安全感。他们有信心，而且善于听真话，也懂得说真话，这样的人不会受到伤害或侮辱，因为别人会公平对待他们。

针对授权的五大因素，下面提几点改善建议，其中许多是从实证研究中得出的结论。当然，这个列表并不完整，你只要在开启思考之旅的时候参考一下这些建议即可。例如，个人的成败经验可以提高自信力——在面对困难任务的时候，善于分解大任务，一次分配一个简单的小任务，可以突出和庆祝一个个小成功。

促进授权

自信力（感觉自己有能力）

- 提供个人的成败经验
- 将行动措施与成功效果相联系
- 典型的成功行为

自我决定（自己可以拿定主意做选择）

- 表明首要的愿景和目标，而不是行动
- 提供信息
- 指出不止一种选择

个人影响力（感觉自己可以发挥作用）

- 与承受结果的人联络
- 提供资源（时间、空间、设备、权限）
- 认可、鼓励和庆祝每一个小成功

感悟活动的意义（在活动中获得价值感）

- 表明长期后果

- 强调与活动相关的优点和价值
- 查看那些备受赞誉的角色模型和成功范例

信任他人（有一种安全感）

- 使用支持性沟通，提供诚实反馈
- 积极提供发展和成长的机会
- 展示一致性、公平性和开放性

活动案例：团队合作象限

回答下面两个问题：（1）我要做什么才能提高自己的能力？（2）我要做什么才能促进领导层授权？第一个问题涉及你自己的工作环境。第二个问题关系到你为他人做贡献的方式。

请把你的想法说给同事们听听。针对这五大因素，请你的同事们给你的答案做出必要的补充。针对每个因素，每人至少提出一点建议。

灵活组织象限：广义互惠

此外，我们还设计了专注于灵活组织象限的正向领导力实践，旨在加强创新和创造力，并挖掘和发现组织中尚未被识别的资源。正向领导力实践依靠的是广义互惠。当一个人提供的东西不直接与个人利益承受人相关时，就会产生广义互惠效应。因为它还会对别人产生好处，所以说，这是广义的奉献行为。

吉姆·马洛齐曾经在某大型礼堂中举行了第一次会议。当时，他刚刚担任 CEO，出席这次会议的是 2500 名销售人员。他邀请与会者们拿出苹果手机和黑莓（一种移动电子邮件系统终端，可以配合手机使用），通过手机短信或者电子邮件的方式，把一个伟大的创意发送到一个特殊的公司地址，内容是如何获得新客户，如何成功做交易，以及如何长期留住客户。马洛齐报告说，他们提出了 2200 个创意，15 个月后，许多创意仍在频繁使用。

当一个人向他人提供好处的时候，就会产生广义互惠——例如，赠送礼物或分享创意，不追踪其价值，也不期待任何回报。让我们设想一下，随着时间的推移，他们互相提供的价值将会达到广泛的平衡，因为每个人都可以为他人提供好处。

若想进行这样的正向领导力实践——帮助组织鉴定新的创意和以前未被识别的资源，我们就得依赖于这种广义互惠原则。密歇根大学教授韦恩·贝克先生介绍说，该实践旨在构建互惠网络（网址：www. humaxnetworks. com）。贝克教授发现，在5个不同的组织中建立互惠网络，可以产生超过75万美元的价值，节省将近8000小时的时间。

让个人辨别需求或请求，然后在组织中的个人之间创建互惠网络——甚至在班级或聚会等临时组织中建立互惠网络，然后让组织中的其他人利用资源或人脉去执行和响应。

构建互惠网络可以通过以下4个步骤完成：

（1）在白板或挂图上写下组织、小组或集会中每个人的姓名。

（2）每个人写下自己需要帮助的具体需要、需求或问题。

这些问题可以与个人相关，也可以与工作相关。这些请求必须具备 SMART 特征——也就是说，它们必须具有以下特征：

S ＝ 特定性：该请求的来源或解决方案必须有效。

M ＝ 有意义：该请求并非微不足道或毫不相关，而是涉及重要的事情。

A ＝ 面向行动：为了响应这个请求，必须采取行动。

R ＝ 真正需求：该请求必须和真正需求相联系。

T = 时限性：必须规定该请求的回应期限。

大家可以参考下面几个与工作相关的请求：

"这个月我需要在会计部门填补一个注册会计师的空缺。"

"我需要一个新的 IT 软件系统来简化我们的库存管理。"

"作为组织中的潜在领导者，我需要得到更多的认可。"

或者"我需要确定，如何在我们部门裁员 15%"。

每个人都可以向自己的同事口头描述这个请求，并将该请求内容粘贴在他们的姓名下方或旁边。在这里告诉大家一个非常简单的方法——记在百事贴上。

(3) 每个同事都要参与鉴别资源（知识、信息、专业技术、预算、产品，精神支持等）或人脉（自己感觉可以提供资源的人），尽可能地回应更多的请求。我们刻意将这些信息连同自己的姓名一起写在百事贴上，以便进行后续的跟进工作。接着，在每个相关的请求下方写下大家的回应。然后，在公开场合，每个人都花时间来口头分享自己为其增值而做出的贡献。请大声说出来，这样往往会刺激他人的思维，促使他们贡献出更多的资源。

(4) 每个人都有机会大声解释自己的贡献，然后为请求者提供充足的时间，让他们去联系每个提供资源或人脉的同仁。

这种实践会产生一个重要的结果：发现以前未知或未被认可的新创意和新资源。贝克教授发现，提供最多贡献的个人往往称得上能力出众的领导者，他们更善于人际交流，并在组织中取得非凡的业绩。也就是说，愿意投身于广义互惠的人——不太专注于个人利益回报的人——往往会取得更加非凡的成绩。

活动案例：灵活组织象限

请在你的组织、团队或聚会，甚至家庭中，执行互惠网络的实践步骤。要求每个成员提出一个请求，贡献出自己的资源，联系新发现的人脉。

构建互惠网络的过程：

1. 提出一个请求（鉴定一个需求或指定一个问题），写在百事贴上，并简要说明。

2. 确定你能以什么方式帮助他人达到其要求。你拥有或知道什么资源？你如何增值？请把你的想法写在百事贴上，并加以说明。

3. 提供时间给请求者，让他们去联系资源与人脉的提供者。

层次整合象限：提升效率

层次整合象限，其重点在于控制局面，有时具有负面意义，因为官僚主义、繁文缛节和微观管理往往与这个象限相关联。然而，积极领导者会认识到，组织需要权衡、责任和效率，这有助于平衡灵活组织象限对洞察力、创造力、新资源和新创意的强调作用。

我们可以用大量的实践来确保责任、效率、措施和管理的影响力。但在这里，我们只是简单讨论一下其中的一个方面。在研究组织裁员事宜的时候，我们会涉及这方面的内容。因为组织通过淘汰某些工种和某些员工来提高效率和管理。精简裁员是世界上最实用的组织变革策略，但在实现预期成果方面往往并不乐观。它的后果往往是效率低下、成本上升、质量下降。

有一位高管，他的公司经历了好几轮裁员。然后，他总结出了这些负面结果的一个主要原因：

我们可以通过促进协调、合作、信任、沟通和信息共享，在组织中产生最大的成本节约。这些大部分成本都属于软性因素。然而，这些成本没有得到系统的预测。我们也没有跟踪或管理实际成本的流程。我们甚至不知道我们给予这些软性因素的真正成本是什么。除非我们采取与过去截然不同的方法，否则我们的裁员努力将再次劳而无功，并且永远也不会真正有效。

组织中的低效率和缺乏管理——通常称为“组织过剩”——总是不受监控、毫无节制，甚至未被识别。它们会增加成本、造成浪费，并导致组织杂乱局面。现在列举如下：

数据过剩：过多的程序，不可用的信息，很难找到需要的数据。

创意过剩：从来没有实现的建议，过多的讨论，教条性的观点。

程序过剩：过度审核，过多的文档、权限、会议和文书工作。

职业过剩：自我膨胀，以自我为中心，缺乏团队合作。

信念过剩：无知的意见，过度分歧，顽固的立场。

培训过剩：不适用、不相关或无效的培训；没有应用或后续事宜。

管理过剩：管理人员太多，缺乏授权，决策过于集中。

时间过剩：重复与重叠，缺乏响应能力，没有按时交活。

学习过剩：反复初学的过程，总是从头学起，脱离了学习的目标。

创业过剩：总是开创新的计划、方案或创业活动，却没有坚持下去。

领导力过剩：失去正能量，不能授权，缺乏视野，决策偏向政治化。

活动案例：层次整合象限

请分析一下你现在就职的组织。确定组织过剩的主要因素。什么控制得不恰当？什么导致了效率低下和浪费行为？请使用上面的列表，但要把组织中的其他特别因素也写进去。认定一种你可能采取或建议的行动去修正一下一种以上的过剩原因。

本章总结

积极领导者必须考虑到他们自己的具体组织背景，因为实践和方法不是在所有情况下都能普遍适用。组织的客户、流程、路线、员工和文化等因素，都有助于他们决定如何有效进行正向领导力实践。竞争价值模型可以指导大家选择适当的正向领导力实践活动，有助于满足组织中的竞争需求。

第七章

正向领导力实践的简要总结

正 向 领 导
Practicing Positive Leadership

正向领导力是指执行多种积极实践，帮助个人和组织挖掘其最大潜力，在工作中蓬勃发展，并体验正能量，最终达到难以实现的高效水平。事实证明，本书中介绍的实践可以产生非常积极有效的结果。

在组织中，积极的领导是非常罕见的，因为人们倾向于更多地关注负面因素而不是积极因素，因为“坏事情比好事情更具影响力”。危机和困难总是伴随着我们的工作日程，组织总是要面临着解决问题的各种挑战。管理者们的日常任务往往集中于解决挑战和克服障碍。组织面临的日常压力常常把正向领导力实践拒之门外。

这就是本书中介绍的实践和活动可能会有益的原因。这些活动提供了可以立即实施的非常具体的方法。这些实践可以实现积极的业绩，克服消极的影响。每种实践都是基于实际的经验和合理的理论，已经全部应用到组织当中，并取得了卓越的绩效。

这些实践是基于我以前的著作《积极领导力》中介绍的有关正向领导力的四大关键策略。它们为执行这些策略提供了实用性指南，如图 17 所示。

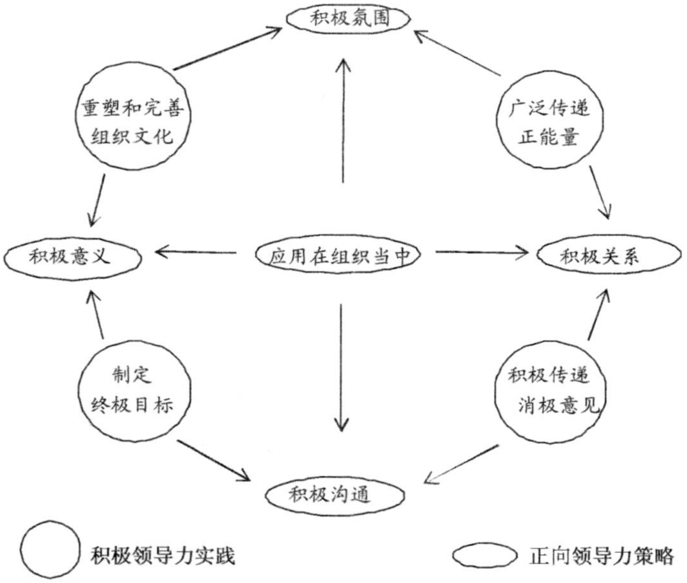

图 17 “积极领导力实践”促进“四大积极策略”

第二章解释了如何重塑和完善组织文化。这与侧重于解决问题、克服危机或实现目标任务的组织形成了鲜明的对比。丰富的组织文化远不止于此。因为组织文化通常是决定组织变革是否会成功的主要因素，如果你正在寻找积极导向结构，那么，建立和完善组织文化是至关重要的。指导方针如下：

重塑和完善组织文化

做好准备工作

- 提供对比的标准
- 修改语言风格或标签符号

克服阻力

- 减少约束力
- 提高驱动力

勾勒组织文化蓝图

- 同时调动右脑思维和左脑思维
- 鉴定传承下来的元素
- 交流有趣的内容

实现文化愿景

- 强调一个个小成功
- 鼓励公开承诺

促进可持续性发展

- 建立度量、指标和里程碑
- 讲述相关的煽情故事
- 努力得到社会支持
- 必要时敢于做出个人牺牲

第三章阐述了正向领导力和正能量的密切关系。正能量不是个性或魅力的固有属性。我们可以通过展示一系列可以学习的技能和行为而培养自己的正能量。通过构建组织中的正能量网状图，你会明白如何利用正能量，并获得积极的绩效。指导方针如下：

广泛传递正能量

重视他人的价值和贡献

- 搜集反馈意见
- 分发卡片给大家
- 解释和总结
- 当众宣誓承诺

娱乐性工作

- 每天花一点儿时间进行爱的冥想
- 坚持写“感恩日记”

娱乐性工作

- 将娱乐纳入工作中
- 将快乐纳入日常工作中

正能量网状图

- 使用统计软件绘制你的人脉圈正能量网状图
- 绘制正能量气泡图，以辨认正能量者们
- 进行正能量意向调查，跟踪相关数据

第四章讨论了积极领导者几乎普遍面临的一大挑战：如何提供负面或纠正性反馈，解决问题，缓解冲突和分歧，同时保持强大的积极关系。支持性沟通为传递消极反馈、解决紧张局势、疏通紧张的人际关系等问题提供了指导方向，从而丰富和加强了人际关系，而不是导致关系恶化。指导方针如下：

积极传递消极反馈

积极反馈与消极反馈的比率

- 针对每个否定句，至少用 3 个肯定句来回应（最好是 5 个）
- 保证做到诚实和真诚

保持一致性，拒绝自相矛盾

- 确保口头表达与思想感觉达成一致
- 在话语中展示自己的真实和诚意

描述性语言，而非评价性语言

- 客观地描述该行为
- 描述后果或感受
- 针对可接受的选择提出建议

面向问题，而不是针对个人

- 关注问题，而不是个人特质
- 确定对比的标准，而不是意见
- 避免使用“你”这个字

保持有效，拒绝无效

- 避免优越感、刻板、冷漠和不透明

- 表达灵活、双向、平等主义和达成共识的语句

终极目标与普通目标不同。第五章展示了终极目标如何超越普通的延伸目标，不仅包括 SMART 特征（特定的、可衡量的、一致的、可实现的和有时限的），而且包括五大额外特征：积极导向、第一选择、肯定方向、奉献精神和不断传递正能量。这些特征帮助大家提升终极目标，并超越自我成就。指导方针如下：

建立终极目标

SMART 目标的特征

- 特定的
- 可测量的
- 一致的
- 可实现的
- 有时限的

积极导向

- 关注文化差距
- 瞄准额外绩效

第一选择

- 强调内在价值
- 确保它不是得到另一种结果的手段

肯定取向

- 强调可能性，而不仅仅是概率
- 利用优势

奉献精神

- 目标：个人提供的福利超过个人成就
- 创造独特的价值

不断传递正能量

- 关注提供内在激励的事物
- 利用人际能量

实现终极目标

终极目标的类型

- 个人终极目标
- 组织终极目标

确定具体的行动步骤

- 目标越困难，行动步骤越多
- 取得很多小成功

措施和责任

- 让失败的代价更高
- 拒绝各种借口

效果和贡献

- 注重有意义的贡献
- 识别内在价值

第六章帮助大家回击批评者的论点——正向领导力忽视了领导力的顽固性、竞争性和挑战性。它讨论了如何在组织环境中应用正向领导力，在此过程中，复杂的动态让人很难仅仅依赖于一套实践或活动。竞争价值模型作为一种组织运作架构，用来达到在复杂情况下实现正向领导力所需的权衡。指导方针如下：

使用竞争价值框架在组织中应用正向领导力

市场竞争象限：客户忠诚度

团队合作象限：授权给员工

- 自信心
- 自我决定
- 个人影响力
- 感悟活动的意义
- 信任他人

灵活组织象限：互惠网络

层次整合象限：提升效率

本章总结

正向领导力实践可以帮助大家在组织中取得非凡的业绩。这里提供的建议和方法仅仅是正向领导力实践的开端。但是，事实已经证明，这些方法和技巧有助于在各种环境中产生积极的绩效。当然，还有其他积极有效的方法和实践。若想获得更多的书籍和文章、视频和媒体资源、课程大纲和演讲笔记、活动和会议组织情况，请参阅密歇根大学积极组织型学术研究中心的网站，网址为：www.centerforpos.com。

金·卡梅隆

美国必胜人力资源有限公司专家，密西根大学罗斯商学院组织管理系和教育学院高等教育学教授。他目前担任密歇根大学罗斯商学院副院长，还曾担任凯斯西储大学魏德海管理学院院长、杨百翰大学麦里特商学院副院长，以及密歇根大学系主任。他还兼任杨百翰大学惠特利学院的研究员。

卡梅隆是密歇根大学积极组织型学术研究中心的联合创始人，该中心专注于调查组织中的积极表现、良性发展、优势发挥与实践，并取得了累累硕果。卡梅隆在杨百翰大学获得了学士学位和硕士学位，在耶鲁大学获得了硕士学位和博士学位。他致力于组织的良性发展、实际效率、质量文化、精简裁员以及管理技能培养等相关课题，已经把研究成果写成文字，发表了 120 多篇学术论文和 14 部学术著作。

突破·经管 Break Through